Barbara Suchner

Lieber gutt gelebt und dafür länger

Schlesische Redensarten

Husum

Umschlagbild nach einer Zeichnung von Kurt Arendt, koloriert von Isa Dietrich

Die Deutsche Bibliothek – CIP-Einheitsaufnahme

Suchner, Barbara:
Lieber gutt gelebt und dafür länger : schlesische Redensarten / Barbara Suchner. – Husum : Husum Druck- u. Verlagsges., 1994
(Husum-Taschenbuch)
ISBN 3-88042-661-9
NE: HST

Satz: Fotosatz Husum GmbH
Druck und Verarbeitung: Husum Druck- und Verlagsgesellschaft
Postfach 1480, D-25804 Husum
ISBN 3-88042-661-9

Zum Geleit

Nachdem mir unzählige Mitteilungen in Wort und Schrift bekundeten, wie gut mein Schlesisches Wörterbuch an- und aufgenommen wurde, hat es mich ermutigt, nun auch in einem Bändchen die schlesischen Redewendungen und Sprichwörter, die mir noch heute im Ohr klingen, herauszugeben. Auch sie habe ich seit Jahrzehnten gesammelt und in den letzten Monaten mit Eifer und Freude zusammengestellt. Besonderen Spaß bereitete es mir, im Anhang einige Begriffe aufzuführen, für die der Schlesier eine Fülle sinnverwandter Wörter von gleicher oder ähnlicher Bedeutung (Syonyma) hat.

Wieder mache ich darauf aufmerksam, daß diese Sammlung niemals einen Anspruch auf Vollständigkeit erheben kann, auch in Beziehung auf Schreibweise (meist Umgangssprache, manchmal Mundart) und „Übersetzung“ nicht fehlerfrei, nicht immer zutreffend sein kann, weil es häufig regional abweichende Ausdrücke und Bedeutungen gab und gibt.

Die meisten der hier veröffentlichten Redewendungen „erhörte“ ich in Breslau und Umgebung, aber ebenso flossen einige aus anderen schlesischen Gegenden mit ein. Es wurden auch manche aufgenommen, die allgemein verbreitet sind, aber doch oft einen typisch schlesischen Zungenschlag haben.

Wieder richte ich die herzliche Bitte an alle Leser, mir wichtige Lücken und offensichtliche Fehler bekanntzugeben, um in einer späteren Auflage Ergänzungen und Berichtigungen vornehmen zu können.

Im Sinne der auf Seite 6 angeführten Worte nach Christian Morgenstern lege ich die schlesischen Redewendungen in die Hände all derer, die die „Mutter Schläsing“ noch im Herzen tragen, sie bewahren und weitergeben wollen. Mögen sie aber auch die erreichen, denen Schlesien schon in die Ferne gerückt ist, um ihnen Erinnerungen an ihren Ursprung, ihre Wurzeln zu wekken.

Tann, Herbst 1993

Barbara Suchner

Ich bin wie eine Brieftaube, die man vom Urquell der Dinge in ein fremdes Land getragen und dort freigelassen hat. Sie trachtet ihr ganzes Leben nach der einstigen Heimat. Ruhelos durchmißt sie das Land nach allen Seiten. Oft fällt sie zu Boden in ihrer großen Müdigkeit, und man kommt, hebt sie auf, pflegt und will sie ans Haus gewöhnen. Aber sobald sie die Flügel nur wieder fühlt, fliegt sie von neuem fort auf die einzige Fahrt, die ihrer Sehnsucht genügt: die unvermeidliche Fahrt nach dem Ort des Ursprungs.

Nach Christian Morgenstern

A

ein *Aast* auf der Baßgeige
ein raffinierter, durchtriebener Mensch

das is *äbenste* so
das ist halt so

das is a ganz *abgebrühter* Hund
der schreckt vor nichts zurück, wenn es um seinen Vorteil geht

ein *abgehackter* Riese
ein sehr kleiner Mensch

abgeklappert aussehen
elend aussehen

abgemacht, Seefe!
abgemacht, jetzt ist Schluß (c' est fait!)

jemanden *abpassen*
auf jemanden warten

man wird dir nich gleich den Kopp *abreißen*
das ist nicht schlimm, sei nicht mutlos

sich die Hacken *abrennen*
sich aufopfern

eine Ecke *abschneiden*
einen Weg abkürzen

sich eine Scheibe *abschneiden*
aus einer Begebenheit etwas lernen

abtrimo zum Federball!
schnell ins Bett!

ach, woher ock!
Form der Verneinung: überhaupt nicht!

jemanden *achtkantig* hinauswerfen
jemanden mit Gewalt hinauswerfen

das geht *achtzehn* die besten
das geht gut und schnell

das hat's ja seit *Adam* und Eva nich mehr gegeben
das ist ja unmöglich

mich laust der *Affe*
ich bin überrascht, das ist unwahrscheinlich

mit einem *Affenzahn* laufen
schnell *rennen*

ach, *Agathe,* die Puppe kotzt!
Ausruf der Zurückweisung, der Überraschung, des Zweifelns

ach, *Agathe,* der Gashahn troppt!
Ausruf der Überraschung, des Zweifelns

du *ahnst* es nicht, Klothilde!
Ausruf des Schreckens, der Überraschung

's is *akkerat* asu
das ist genauso

etwas wird *alle* (Essen, Arbeit, Vergnügen)
etwas geht zu Ende

du hast se wohl nicht *alle!*
du bist wohl verrückt

sie is nich *alleene*
sie ist schwanger

ich mach mer'n Dreck *alleene*
ich mache alles selbst

heut werd' ich nicht *alt*
heute bin ich müde, gehe zeitig schlafen

das is so sicher wie das *Amen* in der Kirche
das ist selbstverständlich

Amtla bringt Wampla
wer gut verdient, ißt auch gut

es is nich *an* dem
das ist nicht wahr

sie sieht zum *Anbeißen* aus
sie ist besonders schön, zum Verlieben

das wird und wird nich *anderscher*
das ändert sich nicht

angeben wie ein nackter Neger
sehr angeben, aufschneiden

angeben nach Noten
sehr angeben, aufschneiden

angeben wie 'ne Titte Mücken
sehr angeben, aufschneiden

angesackt kommen
schnell angelaufen kommen

es gar nicht *ängstlich* haben
sich Zeit lassen

die hat's *ängstlich*
sie muß dringend auf die Toilette

noch *angeforzt, angekleckert, angekrochen, angeschissen* kommen
noch später dazukommen

du bist ja wie *angenagelt*
du bringst ja vor Verwunderung kein Wort heraus, du hast eine schwere Aufgabe zu lösen

sich die Radieschen von unten *anschauen*
tot sein

mach keine *Anstalten!*
tu, was ich sage (ohne wenn und aber)

dir werd' ich's *anstreichen!*
Drohung

jetz is mir der *Appetit* vergangen
jetzt habe ich keine Lust mehr

Arbeit macht das Leben süß, Faulheit stärkt die Glieder
vergiß nicht das Ausruhen!

wie zum Essen, so zur *Arbeit*
oder: wie man ißt, so *arbeit't* man
Kennzeichen eines flinken Menschen

der stellt sich zur *Arbeit* an wie der Hahn zum Eierlegen
ein ungeschickter Mensch

wenn man keine *Arbeit* hat, macht man sich welche
sich selbst durch Ungeschicklichkeit und Unverstand unnötige Arbeit machen

erst die *Arbeit,* dann's Vergnügen
schlesische Lebensweisheit

Arbeit hat 'ne bittre Wurzel, aber süße Früchte
schlesische Lebensweisheit

hinter der *Arbeit* herlaufen
sich vor der Arbeit drücken

bei dieser *Arbeit* verdient man nich das Salz in der Suppe
bei der Arbeit verdient man fast nichts

von alleene sieht der keine *Arbeit*
den muß man auf die Arbeit stoßen

wer die *Arbeit* kennt und sich nich drückt, der is verrückt
schlesische Lebensweisheit

der *arbeitet,* daß die Schwarte kracht
der arbeitet fleißig

es könnt einem schlecht werden, wenn man den *arbeiten* sieht
der arbeitet unmöglich

arbeiten, daß die Späne fliegen
schnell und fleißig arbeiten

wer sich *ärgert,* wird früh groo
und hat zeitlebens nischt dervoo
schlesische Lebensweisheit

das trifft ja keinen *Armen*
der kann es sich leisten

bei denen is es ja nich wie bei *armen* Leuten
die können es sich leisten

etwas aus der *Armenkasse* kriegen
Prügel bekommen

die hat ein'n *Arsch* wie 'n Achtzigtalerpferd, wie'n Kipkegaul
die hat einen strammen, molligen Hintern

der tut sich ganz schön den *Arsch* beschinden
der setzt sich übermäßig für jemanden ein

dem geht sein *Arsch* auf Grundeis
der bekommt es mit der Angst zu tun

man soll nie nich mehr *assa,* als was man mit Gewalt runterkriegt
Mahnung zum mäßigen Essen

Assa und Trinka hält Leib und Seele zusamm'
schlesisches Sprichwort

ich lach mer 'n *Ast* und setz mich drauf
Ausdruck der Verwunderung und Unwahrscheinlichkeit

au Backe!
o weh!

auf Gruß-Bassel fahren
nach Breslau fahren

aufgedonnert sein
besonders herausgeputzt sein

aufpassen wie 'n Schießhund
ganz genau aufpassen

die Löffel *aufsperren*
richtig hinhören

der hätte früher *aufstehn* müssen, wenn er se hätte kriegn wolln
er hätte sich eher um sie bemühen müssen

das is ein *Aufwasch*
mehrere Sachen zugleich erledigen

mit dem linken *Auge* in die rechte Hosentasche gucken
schielen

deine *Augen* war'n wieder größer wie der Magen
du hast dir wieder mehr auf den Teller getan, als du aufessen kannst

Augen so groß wie Flugrädel
sehr große erstaunte Augen

Augen wie auf der Knopfgabel geputzt
leuchtende, glänzende Augen

mit den *Augen* klappern, klimpern
zwinkern, jemandem zuzwinkern

jemanden die *Augen* auswischen
jemandem etwas vormachen

Augen wie 'n abgestochnes Kalb
verwunderte, ungläubig blickende Augen

jemanden die *Augen* aufkneppen
jemanden über einen Irrtum aufklären

sperr deine *Augen* auf!
schau genau hin!

sich die *Augen* derbällen
sich beim Lesen im Dämmerlicht die Augen verderben

sie schickt die *Augen* bei allen Männern zu Markte
sie guckt nach allen Männern

da gucken mehr *Augen* rein als raus
Bemerkung über eine dünne Brühe

sich die *Augen* aus 'm Koppe stieren
sich anstrengen, um etwas zu erkennen

der sticht was in die *Augen*
ihr gefällt etwas besonders gut

Tomaten auf'n *Augen* haben
nichts sehen (wollen)

der macht *Augen* wie'n verliebter Kater
der ist sehr verliebt

Augen wie'n Schellfisch auf 'm Trocknen machen
erstaunt schauen

auseinandergehen wie 'n Pfannkuchen
dick werden

haste jetz *ausgebockt?*
hast du endlich aufgehört zu schluchzen, beleidigt zu sein?

ausgeschissen aussehen
sehr schlecht aussehen

aussehen wie geleckt, wie aus dem Ei gepellt, zum Anbeißen, zum Fressen schön
ungewöhnlich gut, schön aussehen

B

back ber oder freß ber 'n Teig so?
wie wollen wir es machen?

au *Backe!*
o weh!

der kaut auf beiden *Backen*
dem schmeckt es sehr gut

ich danke für *Backobst* (und andere Früchte)
das will ich nicht

dem kalbt der Ochse im *Backofen*
der hat unverhofftes Glück

dich hamm se wohl mit der *Badewanne* ausgeschütt'
du bist wohl verrückt

wie die *Bählämmer* dastehn
dumm schauen

auf die *Bahne* gehn
zum Bahnhof gehen

er versteht immer nur *Bahnhof*
der komt nicht mit, der versteht nur, was er verstehen will

über den Löffel *balbieren*
übers Ohr hauen

ich hätt' *bald* was gesagt
ich verkneife mir mein Urteil

kommste nich *bale!*
komm sofort! Drohung

vom *Bändel* los sein
ausgelassen sein

die hat ihn am *Bändel*
er ist von ihr abhängig

a *Bär* stecken
die Kunst des Garbenbindens mit Knebel und Strohseil nicht beherrschen

barbs bis zum Halse
nackend

sich *barbsig* machen
Schuhe und Strümpfe ausziehen

der wird schnell der *Bauch* wehtun
die wird bald schwanger werden

einen *Bauchklatscher* machen
beim Kopfsprung auf dem Bauch landen

Bauer
s. auch *Pauer*

die tümmsten *Bauern* haben die größten Kartoffeln
unverdientes Glück kann jeden treffen

da staunste *Bauklötzel!*
das hättest du wohl nicht gedacht! das ist aber unwahrscheinlich

in die *Baume* gehen
dumm sein (in die Baumschule gehen)

Beene wie Wasserkannen
dicke Beine

er fällt immer wieder auf die *Beene*
er rappelt sich immer wieder auf

in die *Beeren* gehen
Beeren sammeln

über sieben *Beete* scheißen
Durchfall haben

Spaß muß sein beim *Begräbnis,* sonst geht keiner mitte
schlesisches Sprichwort

ich wer' dir *Beine* machen
Drohung

sich die *Beine* ausreißen
sich anstrengen, flink arbeiten

was man nich im Koppe hat, muß man in 'n *Beinen* hab'n
man muß alles vernünftig planen

das is kein *Beinbruch*
das ist nicht so schlimm, das macht nichts

wir sind *beisamm'n*
wir sind beieinander

die *beißen* sich mitnander
die streiten sich, sagen sich gründlich die Meinung

das *beißt* sich
das paßt nicht zusammen

das muß man *belabern*
das muß man ausgiebig bereden

er *beniest's,* daß 's wahr ist
er stimmt zu

Bernickel, Bernickel, stoß dich mit 'm Bettzippel!
„Beschwörungsformel", um ein Gerstenkorn zu vertreiben

mach *bersch* oder mach bersch nich?
was sollen wir machen? die Entscheidung fällt schwer

dem hab ich *Bescheid* gestoßen, daß er sich 'ne Scheibe abschneiden kann
dem hab ich die Meinung gesagt, damit er eine Lehre daraus ziehen kann

ich *bescheiß* mich doch nicht wegen dir
ich laß mich doch von dir nicht verrückt machen

sich *beschissen* machen
sich beschmutzen

beschissen aussehen
schlecht aussehen

wie 'n *Besenbinder* laufen
sehr schnell laufen

besieh dich von innen!
schlaf!

sie red't dich *besoffen* und wieder zurück
sie redet wie ein Wasserfall, sie will etwas erreichen

besoffen wie 'ne Timpelkröte
stark betrunken

besser schlecht gefahrn wie gutt gelaufen
schlesische Lebensweisheit

mit der Ritsche *betitscht*
nicht ganz richtig im Kopf

die Kleene is wieder mit Dreck und Speck ins *Bette* gegangen
die Kleine ist ungewaschen ins Bett gegangen

's is eim ganzen Durfe nie asu schien wie frieh eim *Bette*
schlesische Lebensweisheit

Frau Holle schüttelt die *Betten* aus
es schneit

der *Bettzippel* winkt
man ist müde, es ist Schlafenszeit

er *betut* sich sehr um sie
er bemüht sich sehr um sie

sich die Nase *betunken*
sich betrinken, sich übervorteilen lassen

sprechen, wie wenn man's *bezahlt* kriegt
viel reden, nach dem Munde reden

etwas tun, wie wenn man's *bezahlt* kriegt
etwas besonders ordentlich, gewissenhaft machen

das geht in die *Binsen*
das geht schief

'ne teige *Birne* haben
verrückt sein

bis amol ruhig!
sei endlich still!

bis ock stille!
sei ruhig, sei gelassen! Trostwort für weinende Kinder

a *bissel* was möcht schon sein
schlesische Lebensweisheit

mir is 'n *Bissen* runtergefallen, wer vergönnt mer's nich?
schlesisches Sprichtwort

bitten und geben is zuviel
aufdrängen tue ich es nicht

die ganze *Blase* hockt zusamm'
eine Gruppe Freunde hat sich getroffen

das is vielleicht 'ne *Blase*
das sind Typen

du kannst mir 'n Hobel *blasen*
laß mich in Ruhe!

von Tuten und *Blasen* keine Ahnung haben
von nichts eine Ahnung haben, unwissend sein

blau wie 'n Veilchen
betrunken sein

in die *Blaubeeren* gehen
Blaubeeren sammeln

das *Blaue* vom Himmel runterlügen
aufschneiderisch lügen

der geht ran wie *Blücher*
das ist ein toller Kerl

da kannste keinen *Blumentopp* mit gewinnen
das bringt nichts ein

der *blutt* wie 'n Schwein
der blutet stark

Rache is *Bluttwurscht!*
Drohung: mit dir werde ich ein Hühnchen rupfen!

sie stößt das *Böckel*
sie schluchzt unaufhörlich

ich werd' dich ungespitzt in den *Boden* rammen!
Drohung

du fehlst mer wie 'n *Böhm* zum Taler
du hast mir gerade noch gefehlt

bei dem fällt der *Böhm* langsam
der ist kein Schnelldenker

hier haste zwei *Böhm,* aber besauf dich nich!
ironische Bemerkung über kleines Taschengeld

der eine is 'n Taler wert, der andere dreißig *Böhme*
beide sind gleich viel wert

böhmisch reden
unverständlich reden

tumm wie *Bohnenstroh*
sehr dumm

geht nich, da *borg* ich mir eins
das mache ich schon passend

Schluß am *Bosporus!*
jetzt ist Schluß (mit der Zankerei)!

Guschla, willste *Branntwein* saufa, Fißla, mußte barbsig laufa
alles kann man nicht haben
schlesisches Sprichwort

dir werd' ich keine Extrawurscht *braten*
dir räume ich keine Sondervergünstigen ein

einem etwas *braten*
mundgerecht machen, einen Wunsch abschlagen

einen *Braten* gerochen haben
rechtzeitig etwas bemerkt haben

reib dir die *Bratkartoffeln* aus 'n Glotzen!
sieh richtig hin!

der hat ein *Bratkartoffelverhältnis*
der hat eine Liebschaft

nu *brat'* mer einer 'nen Storch, die Beene recht knusprig!
das kann doch nicht wahr sein!

'ne kurze Predigt und lange *Bratwürschte* sollte gutt sein
nicht viel reden, zur Sache kommen

wie *Braunbier* und Spucke aussehen
blaß, elend aussehen

breit sprechen
Dialekt sprechen

sich *breitschlagen* lassen
sich überreden lassen, nachgeben

er is ganz schön in der *Brenne*
er hat große Schwierigkeiten, er kann keine Antwort geben

die hat sich in die *Brennesseln* gesetzt
ihr ist etwas schiefgelaufen

wo *brennt's* denn?
was ist los?

bei der *brennt's* gleich an allen Ecken
die geht gleich hoch

ein *Brett* vorm Schädel haben
dumm sein

durchs *Brett* sehn – wenn 's a Loch hat
besonders klug sein wollen

das flutscht wie 's *Brezelbacken*
das geht von der Hand, wie geschmiert

ein *Brief,* der sich gewaschen hat
ein Brief, in dem die Meinung gesagt wurde

Brinkel mach'n Brot
Kleinvieh macht auch Mist, schlesisches Sprichwort

wer nie sein Brot im Bette aß, weiß nich, wie *Brinkel* pieken
schlesisches Sprichwort

brinklich werden
ausfällig, beleidigend werden

dem is der *Britt* vergang'n
dem ist die Lust vergangen

der is ans *Brot* gewöhnt
der kommt wieder nach Hause

dem hat einer die Leberwurscht vom *Brot* geklaut
der ist ein Miesepeter

ich sag's meinem großen *Bruder,* der schmeißt dich mit Pampe
mein großer Bruder verprügelt dich

nur nich *brumma*, wird scho kumma!
nicht ungeduldig sein, alles kommt zu seiner Zeit!

wir wern dem Kind schon die *Brust* geben
damit werden wir schon fertig werden

das kostet *Brust*
diese Frau arbeitet zu viel, bekommt zu viel Kinder

wie 'ne *Brütegans* hocken
Sitzfleisch haben

die red't wie 'n *Buch*
die redet zu viel

(ein Wetter, ein Tag) wie 's im *Buche* steht
wunderschön, besonders eindrucksvoll

'ne Sauerei wie 's im *Buche* steht
eine Unverschämtheit

setz dich auf deine vier *Buchstaben!*
gib endlich Ruhe!

die *Bude* auf 'n Kopp stellen
ein großes Fest feiern

das Feuer *bullert* im Ofen
das Feuer knistert und macht schön warm

wie 'n *Bürschtenbinder* laufen
so schnell wie möglich davonlaufen

in *Butter* sein
in Ordnung sein

da liegt der Kamm auf der *Butter*
da herrscht Unordnung

Butter und Quark, das macht stark,
Quark allene macht miede Beene
schlesisches Sprichwort

es *buttert*
es geht wie geschmiert

nach *Buxtehude* in die Quarkmühle
Antwort auf die Frage: wo gehst du hin?

C

du hast nich alle auf 'm *Christbaum*
du bist verrückt

D

da (am Satzanfang)
Bekräftigung

da werden Sie's aber sehen
Sie werden es schon sehen

der hat ganz schön was aufs *Dach* gekriegt
dem hat man die Meinung gesagt

das kannste halten wie 'n *Dachdecker*
mach, was du willst

der kann aus der *Dachrinne* saufen
der ist besonders groß

mit dem *Dämelsack* geschlagen
dumm, einfältig

da kann man sich dumm und *dämlich* essen
das schmeckt aber gut

wenn ich *dann* dort bin
wenn ich dort bin (schlesische Verstärkung)

die macht sich mit ihrem *Darm* in die Hose
die macht sich mit ihrem Kind verrückt, sie verzieht es

eins auf den *Deckel* kriegen
einen Dämpfer bekommen

den Niepel *deetschen*
die Nase plattdrücken

eine *Deichsel* im Hintern haben
die Tür hinter sich nicht schließen

denk ock amol an
Beginn einer Unterhaltung

Denken is Glückssache
das stimmt nicht

denkste Puppe!
das stimmt nicht!

klassischer Fall von *Denkste*
das stimmt nicht

der *dermachts* nimmer
der stirbt bald

das kann *derneben* gehn
das wird nichts, das ist zu gefährlich

derquere kommen
stören

hol *dersch!*
hole es dir!

nimm *dersch!*
nimm es dir!

es *dicke* haben
es überdrüssig sein

dicke Tunke
enge Freundschaft

der is *dicke* durch
der hat es geschafft, zu etwas gebracht

eine *dickflapsige* Lerge
ein unangenehmer Kerl

Dienst ist *Dienst* und Schnaps ist Schnaps
alles zu seiner Zeit

der *Dingrich*
etwas, dessen Namen man nicht weiß oder vergessen hat

auf *Doktor* studieren
Medizin studieren

dastehen wie die Gans, wenn's *donnert*
überrascht sein

doppelt und dreifach
sehr viel, zu viel

doppelt gemoppelt hält besser
lieber etwas zweimal sagen

dränig vor Freude
überglücklich

das schert mich ein'n *Dreck*
das geht mich nichts an, ist mir egal

der hat *Dreck* in die Hände
dem fällt alles aus der Hand, der bringt nichts fertig

die Kleene is wieder mit *Dreck* und Speck ins Bette gekrochen
die Kleine ist ungewaschen ins Bett gegangen

der klebt ja vor *Drecke*
der ist sehr schmutzig

mach' nich so 'n *Drehdichrum* wegen dem Bissel
mache nicht so viel Aufhebens wegen der Kleinigkeit

hier in der *Drehe*
ungefähr hier, in dieser Gegend

um die *Drehe* rum
ungefähr in dieser Zeit

der weiß nich, wie er sich *drehn* und wenden soll
ihm steht das Wasser bis zum Halse, er kennt sich nicht aus

er tut, wie wenn er nich auf *Dreie* zählen könnt'
der stellt sich dumm an

der is keinen *Dreier* wert
der ist nichts wert

dreiviertel vor halb rum
scherzhafte Antwort auf die Frage: wie spät ist es?

jetzt schlägt's *dreizehn*
nun ist aber Schluß, jetzt hört alles auf,
das ist unglaublich, empörend

er ist *drüber* weg
er hat es überstanden, verkraftet

drück a bissel!
quetsche ein paar Tränen heraus!

zum letzten *Drückel*
gerade noch rechtzeitig, in der letzten Minute

der is aus *Dummsdorf*
der ist dumm

der is nich aus *Dummsdorf*
der ist schlau, gerissen

mach' dich *dünne!*
verschwinde!

mit Pauken und Trompeten *durchrasseln*
eine Prüfung nicht bestehen

gutt *durchwachsen*
nicht gerade schlank, aber auch nicht dick

E

ich bring' dich um die *Ecke*
Drohung

um die *Ecke* sehn
schielen

bei der brennt's leicht an allen *Ecken*
die geht leicht hoch

Eener alleene is nich scheene, aber *Eener* und *Eene*
und dann alleene, das is scheene
Lob der Zweisamkeit

ich wart' schon *egal* auf dich
ich warte schon länger auf dich

Ehre, wem Ehre gebühret: Vater schieb du die Karre!
Aufforderung an jemanden, eine unangenehme Arbeit zu tun

die sieht wie aus dem *Ei* gepellt aus
die sieht besonders gut aus

wie auf *Eiern* laufen
unsicher, übervorsichtig gehen

der hat noch die *Eierschalen* hingern Ohren
der ist für sein Alter unreif, naiv

blüht die *Eiche* vor der Esche, gibt's 'ne große Wäsche
blüht die Esche vor der Eiche, gibt's 'ne große Bleiche
schlesische Bauernregel

der hat sich die Hose *eigepfaffert*
der hat sich die Hose vollgemacht

schnell ab in die *Einbaumstraße* (Breslauer Nervenheilanstalt)!
du bist verrückt!

du bist mir so *eine*
leicht tadelnde, auch bewundernde Bemerkung

der hat sich was *eingebrockt*
der hat etwas Dummes, zu Gutmütiges, auch Strafwürdiges begangen

der hat *eingelegt*
er ist nicht gesund

bei dem hat's *eingeregnet*
dem ist ein Unglück passiert, der ist verrückt

jemandem *einheizen*
auf jemanden einreden, jemandem Beine machen

ich schick' dir erst keine goldumränderte *Einladungskarte*
du bist auch ohne Einladung immer als Besuch willkommen

das kannste dir *einsalzen*
ein unbrauchbares Geschenk ablehnen

elend reden
gehässig, mißgünstig reden

mir ist es ganz schön *elendiglich*
mir geht es sehr schlecht

das is nich von schlechten *Eltern*
das ist großartig

alles hat ein *Ende,* nur die Wurscht hat zwei
schlesisches Sprichwort

die *Engel* singen (pfeifen) hören
Schmerzen erdulden

sich drüber *erbarmen*
jemandem eine Arbeit abnehmen, beim Essen einen Rest vertilgen

wer nischt *erheirat't* und nischt ererbt, der bleibt a armes Luder, bis er sterbt
schlesisches Sprichwort

kaum noch die Beine *erschleppen können*
am Ende der Kräfte sein

erstens kommt es, zweitens anders, drittens als man denkt
mach dir keine Zukunftssorgen!

wenn man 'nen *Esel* nennt, da kommt er schon gerennt
wenn jemand gerade erscheint, wenn man von ihm spricht
schlesisches Sprichwort

er steht da wie der *Esel* zwischen zwei Heubündeln
dem fällt die Entscheidung schwer

schickt man a Esel, kommt a *Esel* wieder
jemand hat einen Auftrag nicht richtig ausgeführt

wie *Espenlaub* zittern
entsetzlich frieren, aufgeregt sein

eß auf, daß schön Wetter wird!
schlesisches Sprichwort

essen wie ein Scheundrescher
reichlich essen

selber *essen* macht fett
jemand gibt nichts ab, behält alles für sich

wie zum *Essen* so zur Arbeit
Kennzeichen eines flinken Menschen oder auch eines faulen

vor dem *Essen* hängt man 's Maul, und nach dem *Essen* is man faul
schlesisches Sprichwort

Essen und Trinken hält Leib und Seele zusam'm, besser als ein eisern Band
schlesische Lebensweisheit

damit is *Essig*
das ist schiefgegangen, das schlage dir aus dem Kopf

ewig und drei Tage
sehr lange

eine halbe *Ewigkeit*
sehr lange

dir werd' ich keine *Extrawurscht* braten
dir werde ich keine Sondervergünstigungen einräumen

F

klassischer *Fall* von denkste!
das stimmt nicht!

bei dem *fällt* der Böhm langsam
der ist kein Schnelldenker

falsch wie die Pest
hinterhältig

ein *falscher* Fuffziger
ein hinterhältiger Mensch

faul wie Mist
sehr faul

Arbeit macht das Leben süß, *Faulheit* stärkt die Glieder
ruh dich auch mal aus!

abtrimo zum *Federball!*
marsch ins Bett!

mach kein *Federlesens*
erledige etwas schnell, kurz und bündig

tu dich aber *federn!*
beeile dich!

du *fehlst* mir wie der Böhm zum Taler
du hast mir gerade noch zu meinem Glück gefehlt

hat dich die Mutti aber *fein* gemacht, der Vati hat geholfen
du bist aber gut angezogen und zurechtgemacht

feiner Pinkel
vornehmer Mensch, Vornehmtuer

auf der *Felge* kauen
keine Zähne mehr haben

mach 's *Fenster* offen!
öffne das Fenster!

Prost, *Ferkel,* Schweindel läßt schön grüßen!
Reaktion auf ein unanständiges Aufstoßen, Benehmen

gehe nicht zu deinem *Ferscht* (Fürscht), wenn de nich gerufen wärscht (würscht)
laß das auf sich beruhen, das bringt nichts!

ich geb dir *Fersengeld*
beeile dich, verschwinde!

der wird mit seinem Gelde schon *fertig* wer'n
der wird sein Geld schon verjubeln

selber essen macht *fett*
jemand gibt nichts ab, behält alles für sich

der hat sein *Fett* weg, sein Fett abgekriegt
der hat seine Strafe, seine Schelte bekommen

Fettlebe machen
schlemmen

ins *Fettnäppel* treten
etwas Peinliches sagen, tun

das *Feuer* bullert im Ofen
das Feuer knistert und macht schön warm

jemandem *Feuer* unterm Frack machen
jemandem die Meinung sagen

wer sich am *Feuer* wärmen will, darf den Rauch nich scheuen
alles hat sein Für und Wider

ein Gesicht wie'n *Feuermelder*
ein Gesicht zum Reinschlagen

das geht aus dem *ff*
geht wie geschmiert

sitz nich so krumm wie 'n *Fiedelbogen!*
sitz gerade!

eß (ieß) ock noch a *Fiedel!*
iß noch ein kleines Stück!

mach ock keine *Fiesematenten!*
stell dich nicht so an!

du hast wohl 'n *Fimmel*
du bist verrückt

man zeigt nich mit dem nackten *Finger* auf angezogne Leute
das tut man nicht

wenn se den kriegt, kann se sich alle zehn *Finger* belecken und de Nase derzune
das ist eine besonders gute Partie

der gönnt sich nich mal das, was unterm *Fingernagel* Platz hat
der ist geizig, gönnt sich selbst nichts

es is so *finster,* daß man und man sieht keene Hand vor 'n Augen
es ist ganz dunkel

Fisse wie Oderkähne
sehr große Füße

wenn der sich im Friehjahr de *Fisse* erkält', kriegt er erscht im Herbst Schnuppen
der ist besonders groß

Guschla, willste Branntwein saufa, *Fißla,* mußte barbsig laufa
alles kann man nicht haben

jemanden mit 'm *Fladerwisch* hauen
leicht hauen, ohne weh zu tun

eß nich wie 'n *Flaumpauer!*
iß anständig!

Flausen im Koppe haben
Hirngespinste haben, Unmögliches verlangen

mach der ock keen *Flecke* ins Hemde!
stell dich nicht so an!

du wirscht nich gleich vom *Fleische* fallen
tröstende Worte für jemanden, der kein oder zu wenig Essen bekommen hat

der hat 'n Gemüt wie 'n *Fleischerhund*
der ist besonders gutmütig

das hab ich zu *Fleiße* getan
das habe ich absichtlich getan, damit wollte ich etwas provozieren

wer Salz verschütt', muß heut noch *flennen*
schlesisches Sprichwort

ich geb ders gerne, wenns meine wär, da *flennt* ich drum
jemandem etwas anbieten, was einem nicht gehört

sie *flennt* an einem Stücke
sie weint viel und lange

flenn dich ock aus, was de flennst, brauchste nich zu pulln!
weine dich nur aus!

a Gesetzel *flenna*
eine Weile weinen

zwei *Fliegen* mit einer Klappe schlagen
zwei Dinge gleichzeitig zum guten Erfolg bringen

aufs magerste Pferd setzen sich die fettesten *Fliegen*
wer wenig hat, dem wird noch das Letzte genommen

einen *Floh* ins Ohr setzen
falsche Hoffnungen erwecken

die hört die *Flöhe* husten
die weiß alles

einen Sack *Flöhe* hüten is leichter als junge Madla
junge Mädchen sind schwer zu hüten

halt de *Floppe* (Flappe)!
sei still!

zieh nich so 'n *Flunsch!*
sei nicht gleich beleidigt!

das *flutscht* wie 's Brezelbacken
das geht wie geschmiert

du hast wohl 'nen *Forz* gefrühstückt!
du bist verrückt!

du hast wohl 'nen *Forz* im Koppe!
du bist verrückt!

du hast wohl 'nen *Forz* mit Kricken!
du bist verrückt!

jemandem den *Frack* vollhauen
jemanden verprügeln

jemandem Feuer unterm *Frack* machen
jemandem die Meinung sagen

wer viel *fragt,* kriegt viel Antwort
wer dumm fragt, bekommt eine dumme Antwort

's is bloßig meine *Frau* ertrunken, sagte der Bauer,
ich dachte scho, 's wer a Kälbla ei a Teich gefalln
schlesische Redensart

frech wie Oskar, wie Rotz
sehr frech

wie der *Freitag* sich neigt, so der Sonntag sich zeigt
Wetterregel

der gieht auf de *Freite*
der sucht sich ein Mädchen

die *Fresse* lackieren, polieren
verprügeln

fressen wie die Biber
unmäßig essen

soviel *fressen,* bis das Zeug zu die Ohren rauskommt
übermäßig viel essen

eine große *Fresse* haben
das letzte Wort haben, sich aufspielen

zum *Fressen* schön
sehr schön, besonders reizend

setz dein' *Friedrich-Wilhelm* drunter
unterschreibe!

friß Vogel oder stirb!
tue, was ich sage! Drohung

gutt's Schweindel *frißt* alles
nicht wählerisch im Essen sein, nichts verderben lassen

die hamm' ins *Frühbeetel* gesät
Bemerkung, wenn ein Kind zu rasch nach der Hochzeit zur Welt kommt

unter der *Fuchtel* stehen
unter dem Pantoffel stehen

schnell mal *fuffzehn* machen
fünfzehn Minuten Zigarettenpause machen

ein falscher *Fuffziger*
ein hinterhältiger Mensch

sich eine *Fuhre* aufladen
sich den Teller mit (zu) viel Essen füllen

nich mehr wert wie 'ne *Fünfböhmgeige*
nicht viel wert, taugt nichts

du kannst mich *fünfern*
du bist mir gleichgültig, deine Vorschläge brauche ich nicht, verschwinde!

da hört sich doch *funz* (vunds) alles auf!
das ist ja unerhört!

sich den Mund *fusslig* reden
sich bemühen, von etwas zu überzeugen, etwas zu erreichen

alles *futschikato!*
alles verloren, versäumt, vorbei!

zum *Futterschütten* sind die Kinder immer da
zum Essen kommen die Kinder rechtzeitig

G

da stehste da wie die *Gans*, wenn's donnert
du bist sehr überrascht

du bist wohl *gar!*
Ausruf über unerwartetes, ungehöriges Benehmen

warum denn *gar!*
warum denn?

was haste denn wieder für 'n *Geasse?*
wie ißt du denn? iß anständig!

für den *geb'* ich nischt mehr
der lebt nicht mehr lange

du bist wohl zu heiß *gebadet* worden!
du bist verrückt!

die is aus dem selben *Gebäcke*
die ist ganz wie die Mutter

die hat nahe am Wasser *gebaut*
die weint leicht

ich *geb'* der's gerne, wenn's meine wär', da flennt ich drum
jemandem etwas anbieten, was einem nicht gehört

bitten und *geben* ist zuviel
aufdrängen tue ich es nicht

von *Gebersdorf* sein
großzügig, spendierfreudig sein

nicht von *Gebersdorf* sein
geizig sein

ihr *Gebetbuch* paßt nicht zusammen
aus dieser Heirat wird aus religiösen Gründen nichts

sein Se ock *gebetn*
bitte

Gott sei's *gedankt,* getrommelt und gepfiffen
eine schwere, schwierige Arbeit ist vollbracht

wie *gedruckt* lügen
aufschneiderisch lügen

mit *Geduld* und Spucke fängt man manche Mucke
mit Gelassenheit und Geduld erreicht man viel

Geduld, Vernunft und Zeit kann auch die schwersten Sachen,
die oft kaum möglich sind, doch endlich möglich machen
schlesische Lebensweisheit

da is was *gefällig*
da ist was los

gefällt dir's, is gutt, *gefällt* dir's nich, macht's auch nischte
das ist egal

was haste denn wieder für 'n *Gefatzel* (Gefotzel)?
was läufst du denn so hin und her?

wie's kommt, so wird's *gefressen*
man muß es so nehmen, wie es kommt

den hab' ich *gefressen*
auf den habe ich eine Wut

gefressen aussehen
unmöglich aussehen, unordentlich gekleidet sein

geh mer ock los!
was du nicht sagst!

wie 'n *Gehangner* rumlaufen
unordentlich gekleidet sein

wie 'n *Gehängter* aussehen
unordentlich gekleidet sein

komm mir nich ins *Gehege!*
stör mich nicht! misch dich nicht ein!

mit jemanden *gehen*
befreundet, verliebt sein

in die Stadt *gehen*
einkaufen gehen

es wird schon wieder *gehn,* es is ja auch gegangn, wie's gar nich mehr gehn wollte
nur Mut! das kommt schon wieder in Ordnung

wenn's *geht*
wenn's möglich ist

der Zug *geht*
der Zug fährt

da *geht* der Seeger recht
da ist alles in Ordnung

da *geht* der Seeger nich recht
da stimmt manches nicht

das *geht* über die Gemütlichkeit
das ist zuviel

erschöpft bis zum *geht* nich mehr
total erschöpft

geht nich, da borg ich mir eins
das mache ich schon passend

er tut, wie wenn's *Gehirne* nich zulangte
er stellt sich dumm

gehuppt wie gesprungen
das ist egal

der is wohl von allen guten *Geistern* verlassen
der ist verrückt, unverschämt, ungezogen

auf *geistlich* studieren
Theologie studieren

wer's zuerst gerochen, aus dem is 's *gekrochen*
wer einen Furz zuerst riecht, der war es

das wär' doch *gelacht*, wenn ich das nich schaffen tät
natürlich kann ich das

geladen haben
betrunken sein

geladen sein
erregt sein, schlechte Laune haben

der hat's *gelaust* gekriegt
der ist gescholten worden

hat's *geläutet?*
ist was los?

das läuft ganz schön ins *Geld*
das kostet viel

wenn's ums *Geld* geht, ist der zähe
der ist übertrieben sparsam

er geht aufs *Geld* und nicht auf die Larve
er sucht sich seine Braut nach dem Besitz und nicht nach der Schönheit aus

der is aufs *Geld* wie der Teufel auf die arme Seele
der ist besonders geldgierig

der kriegt mehr umsonst wie andre fürs *Geld*
der nutzt seine Stellung, das Vertrauen anderer für sich aus

Geld, was rumliegt, is meine
Geld läßt man nicht herumliegen

gib dort keen *Geld* nich aus für das, was de zuhause für umsonst haben kannst
Ratschlag einer Ehefrau für ihren verreisenden Mann

der wird mit seinem *Gelde* schon fertig wern
der wird sein Geld schon verjubeln

wenn er mer wollt was gan, da könnt er's mer ja im *Gelde* gan
Geld ist mir lieber als alles andere

sie sieht aus wie *geleckt*
sie ist sehr attraktiv

ihr zwei *Gelichter*
ihr zwei Gauner, Spitzbuben

er is *geliefert*
er ist am Ende, fix und fertig

gellock, gellocke?
nicht wahr?

hab' nich so 'n *Gemähre!*
beeile dich!

ein *Gemüt* wie 'n Schaukelpferd
besonders gutmütig

ein *Gemüt* wie 'n Fleischerhund
besonders gutmütig

genäschig aussehen
komisch, unmöglich gekleidet

nischt *Genaues* (Gewießes) weeß man nich
Genaues ist nicht bekannt

eins ins *Genicke* kriegen
Hiebe bekommen

genudelt voll sein
zu viel gegessen haben

du bist wohl mit dem Klammersäckel *gepudert*
du bist verrückt

das hab ich *gern* gemacht
das habe ich absichtlich gemacht

ich hätt bald was *gesagt*
ich verkneife mir mein Urteil

mein lieber Herr *Gesangverein!*
Ausruf der Verwunderung

geschäftig wie die Maus in ’n Sechswochen
sehr geschäftig

daliegen wie ’ne *geschellerte* Kröte
komisch, unmöglich liegen

gescheut lernen
ordentlich lernen

lauf *gescheute* auf’m Trottoir, sonst fällste ins Gerinne!
geh vorsichtig!

sich ins *Geschirr* legen
sich für etwas einsetzen

eine *geschlagne* Stunde warten
sehr lange warten

die *Geschmäcker* sind verschieden, und so gehn se alle weg
schlesische Lebensweisheit

geschneppert werden
betrogen, übervorteilt werden

geschniegelt und gebiegelt
fein herausgeputzt

ein *Gesetzel* flennen
eine Weile weinen

ein *Gesetzel* schlafen
ein Nickerchen machen

ein *Gesicht* wie 'n Tippel Mehlsuppe
belämmert aussehen

ein *Gesicht* wie 'n Feuermelder
ein Gesicht zum Reinschlagen

sich eine ins *Gesicht* hauen
eine Zigarette rauchen

er is ihm wie aus 'm *Gesichte* geschnitten
er sieht seinem Vater sehr ähnlich

da bin ich aber *gespannt* wie 'n Regenschirm
da bin ich sehr gespannt

das hab ich ihr gleich *gesteckt*
das habe ich ihr sofort gesagt, darauf habe ich sie aufmerksam gemacht

die zwei hamm mitnander ein *Gestecke*
die zwei sind ein Pärchen

der kann mir *gestohln* bleiben
den mag ich nicht, der ist mir gleichgültig

gestriegelt und gebiegelt
fein herausgeputzt

die beiden hamm sich *gesucht* und gefunden
die beiden passen zusammen

leben Se ock hübsch *gesund!*
bleiben Sie gesund, lassen Sie sich's gut gehen!

gestern noch *gesund* und munter,
und heute schmeckt 's schon wieder
schlesische Redensart

ein Brief, der sich *gewaschen* hat
ein Brief, in dem die Meinung gesagt wurde

da bin ich auch *gewest*
da bin ich auch gewesen

schief *gewickelt* sein
etwas falsch verstehen, verrückt sein

wie *gewiegt* geschlafen
sehr gut schlafen

eine *gewischt* kriegen
einen Stromschlag bekommen, auch eine Ohrfeige

besser, 's liegt auf 'm Kissen als auf 'm *Gewissen*
Mahnung, ein Kind auszutragen

das *Gewölke* bricht
die Wolkendecke reißt auf

mach kein *Gezuchte!*
stell dich nicht so an!

da kannste *Gift* draufnehmen
das stimmt, das ist wahr

was *gillste* so?
warum schreist du so?

sie kann nich *Gix* noch Gax sagen
sie bringt keinen Ton heraus, sie ist schüchtern

das steht im *Glasschränkel* in der gutten Stube
das ist gut aufgehoben, da kann man nicht so schnell heran, auch:
das ist nutzloser Kram

er wird dran *glauben* müssen
er wird bald sterben

glaubt mersch oder glaubt mersch nich
das ist wirklich wahr

wer's *glaubt,* wird selig, wer's nich glaubt, kommt auch in 'n Himmel
das stimmt nicht, ist unglaubhaft

se wolln die Sache ins *Gleis* bringen
sie wollen heiraten

Glotzen wie Flugrädeln
große erstaunte Augen

reib dir die Bratkartoffeln aus 'n *Glotzen!*
sieh genau hin!

am *glücklichsten* sein die, die entweder alles oder gar nischt wissen
schlesische Lebensweisheit

Denken is *Glückssache*
das stimmt nicht

ich schick dir keine *goldumränderte* Einladungskarte
du bist mir immer ein gerngesehener Gast

tu doch nich alles gleich auf die *Goldwaage* legen
nimm es doch nicht so genau

sie *gönnt* ihm nich mal das, was unterm Fingernagel Platz hat
sie ist auf ihn neidisch

die kennt *Gott* und die Welt
die kennt fast jeden

den lieben *Gott* ein'n guten Mann sein lassen
auf Gott vertrauen

der hat nur einen Rock und einen *Gott*
der ist arm

Gott sei's gedankt, getrommelt und gepfiffen
ein schweres Stück Arbeit ist vollbracht

Gott'l, ach Gott'l nee!
mein Gott! Seufzer

er hat sich sein *Grab* selbst geschaufelt
er hat unvernünftig gelebt

grabsch mer nich mit deinen dreckigen Totschen
an mein Schakettel!
laß mich in Ruhe!

wie *Graf* Koks von der Gasfabrik
Angeber

wie *Gräfin* Rotz auf der Gieskanne
Angeberin

wo man singt, da laß dich ruhig nieder,
böse Menschen spielen *Grammophon*
schlesischer Spottvers

er wird müssen ins *Gras* beißen
er wird bald sterben

der hört 's *Gras* wachsen
der erfährt alle Neuigkeiten

seine *Gräten* reinschustern
sein Geld in etwas hineinstecken

gratis, frei und franko
umsonst

zur *Grube* fahren
sterben

jemandem nicht *grün* sein
jemanden nicht leiden können

du *grüne* Neune!
ach, du Schreck!

sein Arsch geht auf *Grundeis*
er bekommt es mit der Angst zu tun

nach *Gruß-Brassel* machen
nach Breslau fahren

Grütze im Koppe haben
dumm sein

da *gucken* mehr Augen rein als raus
Bemerkung über eine dünne Brühe

halt die *Gusche!*
sei still!

mach die *Gusche* zu!
Zuruf für einen, dem vor Staunen der Mund offen bleibt

Guschla, willste Branntwein saufa, Fißla, muste barbsig laufa
alles kann man nicht haben

gutt durchwachsen
nicht ganz schlank

allzu *gutt* is liederlich
wer zu gutmütig ist, wird ausgenutzt

gutt angezogen sein
vornehme Kleidung tragen

der is sich selber nich *gutt*
der ist unzufrieden, mürrisch

dem/der bin ich nich *gutt*
den/die kann ich nicht leiden

lieber *gutt* gelebt und dafür länger
schlesische Lebensweisheit

gutt dem Dinge!
gut so!

gutt geschmeckt, Maul beleckt
Ausdruck der Zufriedenheit nach einem guten Essen

kurz und *gutt!*
Worte vor Abschluß eines spannenden Berichts

hamm se dir „*gutt* Nacht“ gesagt?
Frage auf die Mitteilung: meine Füße sind eingeschlafen

die *gutte* Stube
Wohnzimmer, das nur an Sonn- und Feiertagen oder zu besonderen Anlässen bewohnt wird

das *gutte* Kleidel
Kleid, das nur zu besonderen Anlässen getragen wird

is ja *guttl!*
das ist nicht so schlimm! Trost

gutt's Schweindel frißt alles
nicht wählerisch im Essen sein, nichts verderben lassen

Guttschmecke bringt Bettelsäcke
iß mit Maßen, damit du nicht Not leiden mußt!

H

um ein *Haar*
beinahe, fast

sich in die *Haare* kriegen
sich streiten

die hat *Haare* auf 'n Zähnen
mit der ist nicht gut Kirschen essen

den sticht der *Haber*
der ist übermütig, ausgelassen

Hacke rüber, Hacke nüber
Gezänke, harmloser Streit

auf die alte *Hacke!*
Trinkspruch: es möge alles beim alten bleiben!

sich die *Hacken* abrennen
schnell laufen, sich bemühen, etwas zu erreichen, sich aufopfern

der hat einen *Hacks* (Hacksch) weg
der ist (leicht) betrunken

der hat einen *Hacks* auf seinen Bruder
der ist auf seinen Bruder böse

der stellt sich an wie der *Hahn* zum Eierlegen
der ist besonders ungeschickt

die *halben* Leute sind krank
die Hälfte der Leute ist krank

nu mach's *halblang!*
mach nicht so viel Wind!

nu mach's *hallwege!*
mach nicht so viel Wind!

sich den *Hals* wund reden
umsonst reden

die bleibt ihm uff 'm *Halse* hängen
die hängt an ihm wie eine Klette

die Kinder gehn ihr nich vom *Halse*
die Kinder hängen ihr ständig am Rockzipfel

sich was aus 'm *Halse* reißen
sich schwer von etwas trennen

die *hamm* 's ja!
so sagt man über großspurige Leute

jemanden die *Hammelbeine* langziehen
jemandem Beine machen

besser als in die hohle *Hand* gespuckt
besser als gar nichts

viel *Hände* – ein rasches Ende
schlesische Lebensweisheit

ein schmales *Handtuch*
ein dürrer Mann

das is ganz schön *happig*
das ist zu teuer, unerhört

ich zeig dir, was 'ne *Harke* ist!
Drohung

harte hören
schlecht hören, nicht hören wollen

harte sehen
schlecht sehen, nicht sehen wollen

der weiß, wie der *Hase* läuft
der kennt sich aus, dem kann man nichts vormachen

haste was kannste laufen
so schnell wie möglich laufen

häßlich wie die Nacht
sehr häßlich

Hätt-ich-Konto
das, was man gern haben möchte

hätt bersch nich, da tätt bersch nich
wir können es uns leisten

hau ab und lern Konditer!
verschwinde!

hau ab durch die Mitte!
verschwinde!

hau ab und lern Musikker!
verschwinde!

sich eine ins Gesicht *hauen*
eine Zigarette rauchen

sich ins Bett *hauen*
schlafen gehen

wie 'n *Häufel* Unglicke dasitzen
einen sorgenvollen Eindruck machen

ganz aus 'm *Häusel* sein
überglücklich sein, sehr aufgeregt sein

es zieht wie *Hechtsuppe*
hier ist Durchzug, mach's Fenster zu!

mach kei *Heckmeck!*
mach keine Ausflüchte, tu nichts, was du bereuen mußt!

mach *heia,* heia!
schlaf ein!

heile, heile Segen
Trostworte für Kinder, die kleine Wunden haben

ein paar Troppen Augenwasser *heilen* mehr als tausend Wörter
schlesisches Sprichwort

dir werd ich *heimleuchten!*
Drohung: dir werde ich's zeigen, die Meinung sagen

uff de *Heirat* gehn
einem Mädchen nachlaufen, eine Braut suchen

du wirst dir keine *Heirat* verschlagen
das ist nicht so schlimm, das macht nichts

mit der ihrer *Heirat* is Essig
aus ihrer Heirat wird nichts

zum *Heiraten* gehören zwei
schlesische Lebensweisheit

du bist wohl zu *heiß* gebadet worden
du bist verrückt

das wird ja *heiter* werden
da ist einiges zu erwarten

ein Wetter zum *Heldenzeugen*
ein zauberhaftes Wetter

ich werd dir *helfen!*
Drohung: mach das nicht!

ich geb dir's auf *Heller* und Pfennig zurück
ich zahle dir alles zurück (auch im übertragenen Sinne)

jemanden bis aufs *Hemd* ausfragen
von jemandem alles wissen wollen

das letzte *Hemd* verlieren
beim Spielen alles verlieren

mach dir ock nich ins *Hemde!*
tu nicht so großspurig, gib etwas her!

die *Hemdsärmel* raufkrempeln
schwer schuften

per *Henkel* gehen
mit jemandem eingehängt gehen

Henkeltopp machen
mit jemandem eingehängt gehen

keine *Henne* schirrt umsonst
alles hat seinen Preis

Herr, was hab ich, was bin ich, was kann ich noch werden
Rede über den großspurigen Gang eines Angebers

das *Herz* auf der Zunge tragen
sagen, was man denkt (schlesische Art)

verliebt wie 'n Ochse ins *Heugebündel*
närrisch vor Liebe

mit jemandem a *Hiehndel* rupfen
mit jemandem eine Auseinandersetzung haben

dem hamm die *Hiehner* 's Brut gefrassa
der macht einen unglücklichen Eindruck

mit den *Hiehnern* ins Bett gehn
zeitig schlafen gehen

der hat beim Naseverteilen zweimal „*hier*" geschrien
der hat eine besonders große Nase

wer's glaubt, wird selig, wer's nich glaubt,
kommt auch in 'n *Himmel*
das ist unglaubwürdig

's muß wohl was sein, was 'n *Himmel* hält,
sonst wär er längst eingefalln
schlesisches Sprichwort

da kann einem ja *himmelangst* werden
da bekommt man große Angst

der *Himmelsvater* schimpft
es donnert, es gewittert

die Uhr bleibt *hinten*
die Uhr geht nach

sie fehlt mer *hinten* und vorne
sie fehlt mir sehr

sich auf die *Hinterbeine* setzen (stellen)
etwas kurzentschlossen durchführen, flink arbeiten, sich gegen etwas wehren

sich am *Hintern* kriegen
sich zanken

’ne Deichsel im *Hintern* haben
die Tür nicht hinter sich schließen

von mir aus kannste Koppstand machen und mit ’m *Hintern* Fliegen fangen
mach, was du willst

auf *hinzu* und auf zurückzu
auf dem Hinweg und auf dem Rückweg

du kannst mir ’n *Hobel* blasen
laß mich in Ruhe!

die Stufen *hochlaatschen*
die Treppe hinaufgehen

Hochwasser-Hosen haben
zu kurze Hosen haben

Hochzig machen
heiraten

wie ’n *Hofhund* heulen
laut weinen

Frau *Holle* schüttelt die Betten aus
es schneit

wenn man's gewöhnt is, is 's auch in der *Hölle* schön
man kann sich an alles gewöhnen

holprig sprechen
gehemmt reden

Holzauge, sei wachsam!
sei vorsichtig!

auf dem *Holzwege* sein
sich irren

hops gehen
entzweigehen, bankrott machen

wer nich *hören* will, muß fühlen
wer nicht folgt, bekommt Prügel

du *hörst* wohl harte?
du hörst wohl absichtlich schlecht?

Hosen wie Ofenröhrdl
zu enge Hosen

mit dem linken Auge in die rechte *Hosentasche* gucken
schielen

hotten gehn
tanzen gehen

jemandem die *Hucke* vollügen
jemanden besonders offensichtlich anlügen

jemandem die *Hucke* vollhauen
jemanden verprügeln

eine *Hucke* voll Kinder haben
viele Kinder haben

Kutscher, da *huckert* einer!
Kutscher, da ist einer hinten auf den Wagen gesprungen!

da lachen ja die *Hühner*
das ist ja nicht zu glauben, da muß ich aber staunen

einen *Hühnerplinz* haben
(absichtlich) schlecht sehen

auf etwas *hummeln*
ungeduldig auf etwas warten, etwas herbeisehnen

sie *hummelt* nach 'm Hosenbein
sie ist mannstoll

Hummeln im Hintern haben
lebhaft, wild sein

da wird ja der *Hund* in der Pfanne verrückt!
Ausdruck großer Verwunderung; das kann doch nicht wahr sein!

was weg is, frißt der *Hund* nich mehr
iß das nur auf, das kannst du dir nehmen

da haste wieder 'n *Hund* reingebracht
da hast du wieder etwas angestellt

se sein aufnander wie *Hund* und Katze
sie zanken sich ständig

mit allen *Hunden* gehetzt sein
raffiniert sein

vom *Hundertsten* ins Tausendste kommen
beim Erzählen kein Ende finden, durch ein Wort viele Erinnerungen wecken

der *Hunger* treibt 's rein
beim Essen nicht wählerisch sein

am *Hungertuche* nagen
arm sein, wenig zu essen haben

da wird noch ein *Hungriges* kommen
sagt man, wenn jemand ein Brot anbeißt und ein anderes angebissenes noch nicht aufgegessen ist

jemandem etwas *husten*
etwas nicht mitmachen, abschlagen

der hört die Flöhe *husten*
der weiß alles (eher als der, den es betrifft)

das geht über die *Hutschnur*
das geht zu weit

vor der *Huxt* und nach der Huxt, das sein zwei verschiedne Zeiten
schlesisches Sprichwort

keene *Huxt* wird verbracht, wo keene andre wird erdacht
schlesische Lebensweisheit

man kann nich auf zwei *Huxten* tanzen
man kann nicht zwei Einladungen gleichzeitig annehmen, man muß sich für eine Sache entscheiden

Huxtregen bringt Segen
schlesisches Sprichwort

I

ieß ock noch a Fiedel!
iß noch ein Stückchen!

der Muttel *ihre* Bluse
Mutters Bluse

immer lustig, immer froh wie der Mops im Paletot,
denn die große Pleite kommt wieso
genieße das Leben!

in die Blaubeeren gehn
Blaubeeren pflücken

besieh dich von *innen!*
schlaf!

inner Wald gehn
in den Wald gehen

Kinder, ihr *inkommodiert* mich!
Kinder, ihr seid mir lästig, zu wild!

der redet *inwendig*
der ist sehr schweigsam

was nich *is,* kann noch werden
hab nur Geduld!

is ock gutt, guttl!
Trost: das ist nicht so schlimm!

wie man *ißt,* so arbeit't man
Kennzeichen eines flinken Menschen

wer lange *ißt,* lebt lange
schlesische Lebensweisheit

es *ißt's* dir keiner weg!
iß langsam!

sich wie ein *Itsch* freuen
sich unbändig freuen

J

das war sein letzter Wille, als er „*ja*“ sagte
der steht unter dem Pantoffel

das is ’ne alte *Jacke*
das ist nichts Neues

das is *Jacke* wie Hose, Strumpf wie Niederschuh
das ist doch gleich

grabsch mer nich ans *Jackettel!*
laß mich in Ruhe!

hau ab oder ich *jag* dich, daß de die Schuhe verlierst!
verschwinde schnellstens!

damit kannste mich *jagen*
das mag ich nicht (essen)

jekkusch nee, *jekkersch* nee!
Ausruf des Erstaunens, Bedauerns

jeggersch nee, *jemmersch* nee!
Ausruf des Erstaunens, Bedauerns

Jesis nee!
Ausruf des Erstaunens

Jessas maron!
Ausruf des Erstaunens

Jessus nee!
Ausruf des Erstaunens, Bedauerns

der is so lang wie der Tag um *Johanni*
der ist besonders groß

K

ein neckischer *Käfer*
ein hübsches Mädel

laß der keen *Kaffee* nich zugießen,
da kriegste 'ne biese Schwiegermutter
schlesisches Sprichwort

Kaffermänndel machen
in die Hocke gehen

ei de *Kähne* gehn
entgegengehen

dahin gehn, wo der *Kaiser* auch zu Fuße geht
auf die Toilette gehen

dem *kalbt* der Ochse im Backofen
der hat unverhofftes, unwahrscheinliches Glück

da liegt der *Kamm* auf der Butter
da herrscht Unordnung, Unsauberkeit

das *kann* nich an dem sein
das ist unwahrscheinlich

Kannich liegt auf 'm Friedhof
man kann alles, wenn man will

unter aller *Kanone*
sehr schlecht

se sind von der *Kanzel* gefallen (gepurzelt)
ihre Heirat wurde von der Kanzel abgekündigt

schwer von *Kapee* sein
langsam kapieren

jemandem die *Kappe* waschen
jemandem die Meinung sagen

wer sich *Karfreitag* die Nägel verkürzt, lebt zehn Jahre länger
schlesisches Sprichwort

beim *Kartenmischen* is schon mal ein alter Mann gestorben
Reaktion auf langsames, langweiliges Tun

die tümmsten Pauern hamm die größten *Kartoffeln*
unverdientes Glück haben

die beiden *kaschpern* mitnander
die beiden haben ein Verhältnis

das is für die *Katz*
das ist viel zu wenig

wie 'ne gebad'te *Katze* aussehen
angeklatschte Haare haben

auf den Felgen *kauen*
keine Zähne mehr haben

Kauermänndl machen
in die Hocke gehen

der *kaut* auf beide Backen
dem schmeckt es sehr gut

a jeder *kehre* vor seiner Tür,
da find't a Dreck genug dafür
schlesisches Sprichwort

wenn man einem Mädel übern *Kehricht* läuft,
wird ihm der Schatz untreu
schlesisches Sprichwort

keiner weiß nich
keiner weiß (doppelte Verneinung)

daß sich *keiner* nich von der Stelle rührt
keiner darf sich rühren (doppelte Verneinung)

jemenden auf dem *Kicker* haben
jemanden nicht leiden können

auf *Kien* sein
auf der Höhe, auf dem Laufenden sein

nur auf *Kies* gehen
nur aufs Geld sehen

das macht der Liebe kein *Kind*
das macht nichts, das ist nicht schlimm

wir werden das *Kind* schon schaukeln
das schaffen wir schon, das geht schon in Ordnung

Kipp nich gleich aus 'n Laatschen!
steh fest! (auch im übertragenen Sinn)

das is so sicher wie das Amen in der *Kirche*
das ist selbstverständlich, unabdingbar

jemanden *kirre* kriegen
jemanden überreden, jemanden zur Vernunft bringen

jemanden *kirren*
jemanden überreden, zahm bekommen

mit dem is nich gutt *Kirschen* essen
der ist problematisch, laß dich mit dem nicht ein!

nich einen *Klacks*
gar nichts

du bist wohl mit dem *Klammersäckel* gepudert
du bist verrückt, nicht recht bei Sinnen

wenn de und de hältst nich gleich deine *Klappe*, . . .
Drohung

mit den Augen *klappern*
zwinkern

bei denen *klappt* der Laden
die verstehen sich gut

reif für die *Klapsmühle*
verrückt

klar wie Kloßbrühe
so ist es eben nicht! aber auch: selbstverständlich!

klassischer Fall von Denkste!
das stimmt nicht!

der hat vielleicht eine *Klaue*
der hat eine schlechte, unleserliche Handschrift

übern grünen *Klee* loben
über alle Maßen loben

das geht zu wie in der *Kleinkinderbewahranstalt*
es geht laut und lebhaft zu

Kleinvieh macht auch Mist
auch durch Kleinigkeiten kann viel erreicht werden

jemandem eine *kleistern*
jemanden ohrfeigen

klemm und lange machen
stehlen

in der *Klemme* sitzen
eine Bedrängnis nicht meistern können

nur nicht verzagen, solange noch *Kließla* eim Toppe sind
immer optimistisch bleiben!

ich laß mer nich an den Wimpern *klimpern*
ich lasse mir nichts gefallen

die *klimpert* nur auf 'm Klavier rum
die spielt schlecht Klavier

dort geben sich die Besucher die *Klinke* in die Hand
bei denen ist ständig Besuch

Klinken putzen
betteln

übers *Klümpel* trinken
zu viel trinken

jemandem hinterher *klunkern*
jemandem nachlaufen, lästig werden

die sieht *knackig* aus, sie *knackt* nur so
die ist besonder attraktiv

Knickermänndel machen
in die Hocke gehen

bei dem kommt die *Kniescheibe* durch
der hat eine Glatze

du *kniest* mir auf der Seele rum
du verlangst von mir Unmögliches, du willst mir unbedingt etwas abbetteln

heile *Knochen* haben
gesund sein

der kann seine *Knochen* im Schnupftüchel heimtragen
der ist bei einer Prügelei unterlegen

das is ja zum *Knochenkotzen!*
das ist ja furchtbar!

knüllevoll sein
vollgegessen sein, betrunken sein

bei denen kommt's *knüppeldicke*
die haben viel durchzumachen

ich schmeiß dich an die Wand und kratz dich
mit 'm *Kochlöffel* wieder ab!
jetzt reicht's aber!

Kohldampf haben, daß einem die Seele aus der Kniekehle pfeift
großen Hunger haben

Kohldampf schieben
hungern

der *Komet* drückt
die Sonne sticht

komm mer bloß nich so!
Drohung

jetze *kommste* noch angeforzt, angekleckert,
angekrochen, angeschissen
du kommst aber spät

kommste nich heute, da kommste ebenst morgen
es eilt nicht

du *kommst* wie gerufen
du kommst zur rechten Zeit

wie's *kommt,* so wird's gefressen
man muß es so nehmen, wie es kommt

der Windmüller sagt: 's *kommt* rum
es kommt so, wie's kommen muß, der wird auch noch seine Strafe
bekommen

schmeiß mer mal die *Kommode* runter, da liegt
der Hausschlüssel drin
Antwort auf ein umständliches Verlangen

Komödie spielen
etwas vortäuschen, übertreiben

hau ab und lern *Konditer!*
verschwinde!

das *konträre* Gegenteil
typisch schlesische Verdoppelung

sich jemanden *koofen*
jemandem den Standpunkt klar machen, die Meinung sagen

man wird dir nich gleich den *Kopp* abreißen
das macht nichts, sei nicht mutlos

der is um a *Kopp* gekommen
der ist verrückt

jemandem den *Kopp* warm machen
auf jemanden einreden, bis er umgestimmt ist

dir werd ich schon den *Kopp* waschen
dich werde ich schon zur Vernunft bringen

ein Mensch ohne *Kopp* is zeitlebens ein Krüppel
verlier nicht deinen Kopf!

a Radel zu viel im *Koppe* haben
verrückt sein

was man nich im *Koppe* hat, muß man in 'n Beinen haben
wer sich eine Arbeit nicht richtig einteilt, muß mehr tun

sich die Augen aus 'm *Koppe* sehen
sich anstrengen, um etwas zu erkennen

Raupen im *Koppe* haben
verrückte Ideen haben

der hat auf 'm Waschbrettel *Koppstand* gemacht
der hat gewellte Haare

von mir aus kannste *Koppstand* machen
und mit 'm Hintern Fliegen fangen
mach, was du willst!

der is nich ganz *koscher*
der ist undurchsichtig

auf *Kost* und Logis arbeiten
für Verpflegung und Unterkunft arbeiten

das *kostet* 'ne ganze Stange
das kostet viel

ich hab schon Pferde *kotzen* sehn
nichts ist unmöglich

kotzen wie die Berber-Löwen
übermäßig erbrechen

kräh nich zu früh!
warte erst mal ab!

die schmeißen ihrn *Kram* zusammen
sie heiraten

sie *kramern* mitnander
sie sind ein Pärchen

das macht das *Kraut* nich fett
das ist unnötig, das hilft auch nichts mehr

ich pack dich am *Krawattel*
Drohung: ich werfe dich hinaus

krebsen wie die Fliege in der Puttermilch
sich in einer aussichtslosen Lage befinden

eine *Krehle* weghaben
betrunken sein

mit den Kindern hat man schon sein *Kreuz*
mit den Kindern hat man Sorgen und Arbeit

es im *Kreuze* haben
Rückenschmerzen haben

der *kriecht* zu einer
der hat ein Verhältnis

die Platze *kriegen*
ungeduldig, ärgerlich werden

mich *krimmert* die Nase, ich wer' noch in 'n Dreck fallen
(Kuchen essen)
schlesische Redensart

mich *krimmert 's* linke Auge, ich wer' noch was gerne sehn
schlesische Redensart

mich *krimmert 's* rechte Auge, ich wer' noch was Schlechtes sehn
schlesische Redensart

mich *krimmert* der linke Handteller, ich wer' noch Geld kriegen
schlesische Redensart

mich *krimmert* der rechte Handteller, ich wer' noch Geld ausgeben
schlesische Redensart

sich *kringlich* lachen
herzhaft lachen

eine *Krohe* im Steppel haben
betrunken sein

Krohen hüten
Sinnloses tun

mein lieber *Krokoschinski!*
das ist ja unerhört!

einen in der *Krone* haben
betrunken sein

dem is was in die *Krone* gestiegen
der bildet sich was ein

dem is was in die *Krone* gefahren
der ist leicht reizbar

da ging mir 'n *Kronleuchter* auf
da kam mir die Erkenntnis

du liegst ja da wie 'ne geschellerte *Kröte*
liegst ja unmöglich da

seine *Kröten* zusammenhalten
sparsam sein

nur ein paar *Kröten* haben
arm sein

wegen der paar *Kröten* muß a den ganzen Tag auf der Fresse liegn
für wenig Geld muß er viel arbeiten

der kann sich seine *Kröten* in 'n Schornstein schreiben
der ist sein Geld los

einen Forz mit *Krücken* haben
verrückt sein

krummer Mietwoch
Mittwoch vor Gründonnerstag, wer an diesem Tage weint, bekommt eine krumme Nase

sich *kugelrund, kuglig* lachen
das begreife ich nicht, das verstehe ich nicht

in der Nacht sind alle *Kühe* schwarz
das macht nichts, das fällt nicht auf

das hat auf keiner *Kuhhaut* Platz
das ist zu viel, zu unverschämt

und wenn's *Kuhscheiße* regnet, wir gehn trotzdem hin
jetzt gehn wir erst recht hin

sich *kullig* lachen
sehr lachen

sie hamm *Kummerflöhe*
sie haben Sorgen

mein lieber Freund und *Kupferstecher!*
Ausruf des Erstaunens

das will mer nich in a *Kupp* rein
das begreife ich nicht, das verstehe ich nicht

kuschee machen
sich unterordnen, fügen, still sein

kurz und gutt!
Abschluß eines langen spannenden Berichts

L

übern großen Onkel *laatschen*
die Füße beim Gehen einwärts stellen

kipp nich gleich aus 'n *Laatschen!*
steh fest! (auch im übertragenen Sinne)

lab ock sisse!
auf Wiedersehen! laß dir's gut gehen!

laber mich nich so von der Seite an!
komm' mir nicht in die Quere!
misch dich nicht ein!

die hat *Laberwasser* getrunken
die redet (zu)viel

ich *lach* mer 'n Ast und setz mich drauf
Ausdruck der Verwunderung, Unglaubwürdigkeit

daß ich nicht *lache*!
das kann nicht stimmen

eine häßliche *Lache* haben
ordinär lachen

sich kringlich, kuglig, scheckig *lachen*
herzhaft, viel lachen

über nischt und wieder nischt *lachen*
über jede Kleinigkeit lachen

die Fresse *lackieren*
ins Gesicht schlagen

mir geht 's so *lala*
ich bin zufrieden

einen auf die *Lampe* gießen
sich betrinken

das mach ich aus der kalten *Lamäng*
das mach ich leicht, mit einer Hand

den *lang* ich mer
dem werde ich meine Meinung sagen

lang wie der Tag um Johanni
sehr groß

wer's *lang* hat, läßt's lang hängen
der ist ein Angeber

du bist ja tümmer als *lang*
du bist besonders dumm

der is so *lang*, wenn der a paarmal hinschlät,
is a drinne ei der Stadt
der ist besonders groß

lange wird er's nimmer machen
der wird bald sterben

lieber gutt gelebt und dafür *länger*
genieße das Leben, schlesische Lebensweisheit

bei dem fällt der Böhm *langsam*
der ist kein Schnelldenker

das *läppert* (leppert) sich zusamm
auch durch Kleinigkeiten wird etwas erreicht

laß bersch oder laß bersch nich?
was machen wir?

laß dich nich unterbuttern (unterputtern!)
laß dir nichts gefallen! wehre dich!

du hast wohl ein' auf der *Latte*
du bist verrückt

Schwamm drüber, *Latschke* drauf!
das ist vergessen, darüber wird nicht mehr geredet,
das ist verziehen

Latschkefisch!
Ausruf des Erstaunens

laufen wie ein Bürschtenbinder
schnell laufen

laufen, daß die Socken qualmen
schnell laufen

laufen haste was kannste
schnell laufen

das is ja zum auf und davon *Laufen*
das ist aber schlimm

das *läuft* ganz schön ins Geld
das kostet viel

mich *laust* der Affe
das ist überraschend, unwahrscheinlich

etwas *läuten* hören
etwas ahnen

leb ock hübsch gesund!
bleib gesund! mach's gut!

lebe glücklich, lebe froh wie der Mops im Paletot,
denn die große Pleite kommt wieso!
genieße das Leben!

der nimmt's von 'n *Lebendigen,*
weil er's von 'n Toten nimmer kriegt
der ist sehr teuer

der ist 'ne beleidigte *Leberwurscht*
der ist ein Miesepeter

dem hat wohl jemand die *Leberwurscht* vom Brot geklaut
der ist ein Miesepeter

alle meine *Lebtage*
mein ganzes Leben lang

leckste Fett, die Butter (Putter) is teuer
sei mit dem zufrieden, was da ist, mehr gibt es nicht

das *Leder* versohlen
verprügeln

lehr du mich die Männer (Menschen) kennen
immer wieder erlebt man Überraschungen

Spaß muß sein bei der *Leich,* sonst geht keiner mitte
selbst bei traurigen Ereignissen nicht den Humor verlieren

se gehn noch immer auf 'm *Leichentuch*
sie trauern noch

wie 's *Leiden* Christi aussehen
elend, krank aussehen

vom *Leiermann* überfahren worden sein
verrückt sein

man wird alt wie 'n Haus und *lernt* nie aus,
man wird alt wie 'ne Kuh und lernt immer noch was dazu
schlesisches Sprichwort

reif für *Leubus* (schlesische Irrenanstalt)
verrückt

der hat seine *Lichtel* angezündet
dem läuft die Nase

wenn 's auch *Lichtmeß* stürmt und schneit, is der Frühling
nimmer weit,
is es aber klar und hell, kommt der Lenz wohl nich so schnell
schlesische Wetterregel

die könnten sich vor *Liebe* fressen
die sind sehr verliebt

die *Liebe* und der Suff, die reiben den Menschen uff,
die Liebe alleene bringt den Menschen uff die Beene
schlesische Lebensweisheit

das macht der *Liebe* kein Kind
das macht nichts, das ist nicht schlimm

wen die *Liebe* treibt, dem is kein Weg zu weit
schlesisches Sprichwort

der Schnuppen, der Rooch und die *Liebe,* die lassen sich nich verbergen
schlesisches Sprichwort

allzu gutt is *liederlich*
der Gutmütige wird ausgenutzt

jemanden übern grünen Klee *loben*
jemanden über alle Maßen loben

man soll den Tag nich vor dem Abend *loben*
abwarten!

da hat der Zimmermann das *Loch* gelassen!
verschwinde!

da mußte halt 'n *Loch* zurückstecken
da muß du eben nachgeben

zum *Loch* nausjagen
vertreiben

raus aus 'm *Loch!*
aufstehen!

aus dem letzten *Loche* pfeifen
nicht mehr lange durchhalten, nicht mehr lange leben

ich reiß dir die *Loden* einzeln raus
ich bin wütend auf dich

eins auf die *Löffel* kriegen
eine Ohrfeige bekommen

da kommt ein *Löffel* zum andern
die haben beide Geld

sich etwas hinter die *Löffel* schreiben
sich etwas gut merken

die *Löffel* aufsperren
gut zuhören

die *Löffel* langziehn
an den Ohren ziehen, zur Vernunft bringen

jemanden übern *Löffel* balbieren
jemanden betrügen, hereinlegen

die *Löffel* auf Durchzug halten
nicht hören wollen, sich taub stellen

die Weisheit mit *Löffeln* gefressen haben
überklug sein

der hat's faustdicke hintern *Löffeln* sitzen
der ist durchtrieben, raffiniert

auf Kost und *Logis* arbeiten
für Verpflegung und Unterkunft arbeiten

die *Luft* is rein
keiner hört uns zu

ich wer' dir *luften!*
Drohung: mach, daß du wegkommst, hör auf!

lügen wie gedruckt
aufschneiderisch lügen

das Blaue vom Himmel runter *lügen*
aufschneiderisch lügen

laß dich nich *lumpen!*
sei großzügig!

jemanden verschnicken, bis daß er *Lumpen* kotzt
jemanden fürchterlich verprügeln

M

mach dich ock dünne!
verschwinde!

mach dich ock fort!
verschwinde!

mach ocke!
jetzt aber los!

nu *mach* ock los!
jetzt aber los! beeile dich!

mach dich auf die Socken!
beeile dich!

mach bersch oder mach bersch nich?
was, wie sollen wir's machen? Ausdruck der Unschlüssigkeit

sie *machen* nach Gruß-Brassel
sie ziehen nach Breslau

wie die *Made* im Speck leben
sehr gut leben

Mädel, die de pfeifen, und Hühner, die de krähn,
sollt man allen beiden den Kopp rumdrehn
schlesische Redensart

das *Mädel* is wie 'n Junge
das Mädchen ist besonders wild

jemanden *madig* machen
über jemanden übel reden

mach dich *madig!*
verschwinde!

ich *mag* nich mehr
ich will nicht mehr, ich kann nicht mehr

dir kann man ja bis in 'n *Magen* gucken
Ausspruch, wenn jemand beim Gähnen
den Mund zu weit aufreißt

deine Augen war'n wieder größer wie der *Magen*
du hast dir wieder mehr auf denTeller getan als du essen kannst

mähr dich aus!
beeile dich!

ich wer' dir's *malen*
Antwort auf unerfüllbare Wünsche

du kriegst gleich eins mit der *Mangelkulle*
Drohung

du hast wohl ein' kleinen *Mann* im Ohr
du bist verrückt

lehr du mich die *Männer* kennen
vor Überraschungen ist man nie sicher

das is ein ausgewachsnes *Mannsbild*
der stellt etwas dar

am Ersten is *Mariahilf*
am Ersten ist Zahltag

der/die is vielleicht 'ne *Marke*
teils anerkennende, teils abwertende Beurteilung

der wer' ich den *Marsch* blasen
ihr sage ich die Meinung

Matratzenhorchdienst machen
schlafen

ich bin ganz *matsch*
ich bin erschöpft, sehr müde

jetz is *Matthäus* am letzten
jetzt ist totaler Geldmangel, jetzt ist aber Schluß,
das ist das Ende, der Tod

gutt geschmeckt, *Maul* beleckt
Zufriedenheit mit der Mahlzeit

ums *Maul* gehn
schön tun

nach dem *Maul* reden
schön tun

jemandem Pappe ums *Maul* schmieren
jemandem schön tun

ein deutsches *Maul* haben
selbst nach etwas fragen können

ein großes *Maul* haben
großspurig reden, großspurig sein

vor dem Essen hängt man 's *Maul,* und nach
dem Essen is man faul
schlesisches Sprichwort

pünktlich wie die *Mäurer*
überpünktlich

wenn's viele *Mäuse* gibt, komm' arme Zeiten
schlesische Bauernregel

die is still wie a *Mäusel*
die ist verschwiegen, bei der ist ein Geheimnis gut aufgehoben

mach dich nicht *mausig*
spiel dich nicht auf, mach dich nicht so breit

ein Gesicht wie 'n Tippel *Mehlsuppe* haben
belämmert aussehen

sag mal: *meinswegen!*
Bitte, einen Wunsch zu erfüllen, etwas zu erlauben,
bevor es ausgesprochen wurde

mach kein(e) *Menkenke!*
stell dich nicht so an! beeile dich!

ein *Mensch* ohne Kopp is zeitlebens ein Krüppel
Kopf hoch! verlier nicht den Kopf!

viel is ja nich, aber der *Mensch* freut sich
ich bin zufrieden

du benimmst dich wie der erste *Mensch*
du benimmst dich unmöglich

das muß ein'm tummen *Menschen* ja gesagt werden
das wußte ich nicht, das ist mir das Neuste

eim *Menschenlaba* gieht's zu wie eim Stolle – 's tümmste Vieh
plärrt am lautesten
die Dümmsten spielen sich am meisten auf

du bist wohl *meschugge* (meschukke, mischugge)
du bist wohl verrückt

Messer, Gabel, Scher' und Licht
sind für kleine Kinder nicht!
Vorsicht

ganze *Meter*
sehr viel

raus aus *Metz!*
aufstehen!

fünf *Minuten* vor dreiviertel neune
acht Uhr vierzig

mir is ganz schön *miserig*
mir geht's ziemlich schlecht

das is nich auf sein'm *Mist* gewachsen
das sind nicht seine Gedanken, das haben andere in die Wege geleitet

hau ab durch die *Mitte*
verschwinde!

einen breiten *Mittelscheitel* haben
wenig Haare, eine Glatze haben

model nich so rum!
beeile dich!

die is hinterm *Monde* zu Hause
die ist von gestern, nicht auf dem Laufenden

sich furchtbar *mopsen*
sich langweilen

einen *Moralischen* haben
Depressionen, seelischen Tiefstand haben

dem werd ich *Mores* lehren
dem werde ich aber die Meinung sagen

dich werd ich schon nach der *Morgenluft* richten
dich werde ich zur Vernunft bringen, dir werde ich die Meinung sagen

trapp nich in die *Morgenmilch!*
sei vorsichtig!

mit Geduld und Spucke fängt man manche *Mucke*
mit Gelassenheit und Geduld erreicht man viel

wenn die *Mücken* abends schwärmen, tu dich nich ums Wetter härmen
schlesische Wetterregel

mein Zahn *muckt*
ich habe Zahnschmerzen

müde wie 'n Hund sein
sehr müde sein

dem geht die *Muffe* 1:1000
der hat große Angst

der hat nich mehr viel auf der *Mühle*
der ist sehr krank, wird bald sterben

Mumm in den Knochen haben
Mut haben, seinen Mann stehen

sich den *Mund* fusslig reden
sich bemühen zu überzeugen

nach 'm *Munde* reden
schön tun

die is nich auf 'n *Mund* gefallen
die weiß, die richtige Antwort zu geben

mir läuft das Wasser im *Munde* zusamm'
ich freue mich sehr auf . . .

solange die *Mundart* lebt, lebt Schlesien
schlesische Lebensweisheit

muschelmuschel machen
etwas heimlich, unter der Hand tun

sich wie 'n *Muschkote* benehmen
sich schlecht benehmen

hau ab und lern *Musikker!*
verschwinde!

es wird schon wieder weer'n mit der *Mutter* Beer'n
mit der Mutter Knurr'n is auch gewurr'n
nicht verzagen! kommt Zeit, kommt Rat!

hat dich die *Mutti* aber fein gemacht, der Vati hat geholfen
du bist aber gut angezogen, gut zurechtgemacht

wer *Myrte* baut, wird keine Braut
schlesisches Sprichwort

N

na gell, na gellocke!
nun ja! nicht wahr?

de aala *Naala* haala nich, de neua Naala haala aa nich
die alten Nägel halten nicht, die neuen Nägel auch nicht
(Glatzer Sprichwort)

häßlich wie die *Nacht*
sehr häßlich

in der *Nacht* sind alle Kühe schwarz
das fällt nicht auf, das macht nichts

singen wie 'ne *Nachtigall* unterm Stein
nicht singen können

Nachtigall, ich hör dir trabsen
ich ahne etwas

es sind schon *Nachtwächter* bei Tage gestorben
nichts ist unmöglich

dem könnt ich mit 'm *Nacktem* ins Gesicht springen
den kann ich nicht leiden, den verachte ich

Nacktkultur auf höchster Ebene
Glatze

nahe am Wasser gebaut haben
leicht weinen

rot und grün stieht *Narren* schien
wer sich herausputzt, sollte auf guten Geschmack achten

sich die *Nase* betunken
sich betrinken, sich übervorteilen lassen

alle *Nase* lang
fortwährend

der reib ich's unter die *Nase* wie frisch geriebnen Pfeffer
der sage ich aber Bescheid

naß wie 'ne gebad'te Katze
pudelnaß

angeben wie zehn nackte *Neger*
sehr aufschneiden

von *Nehmersdorf* sein
ein „einnehmendes" Wesen haben

du grüne *Neune!*
ach, du Schreck!

verrückt und drei macht *Neune!*
das ist unmöglich, das ist verrückt!

die Kinder hamm das *Nest* gebaut
die Kinder haben die Osterkörbchen zum Füllen hingestellt

ich wer' dir was *niesen*
kommt gar nicht in Frage

vom Stamme *Nimm* sein
ein „einnehmendes" Wesen haben

von *Nimmsdorf* sein
ein „einnehmendes" Wesen haben

eins auf 'n *Nischel* geben
verhauen

nischt ferr ungutt!
nimm's nicht übel! Verzeihung!

von *nischt* kommt nischt
man muß schon selbst etwas tun

du bist zu *nischt* nichts nutze
du bist ein Nichtsnutz (doppelte Verneinung)

der hat nie was *nischte* noch gehabt
der hat nie etwas besessen (doppelte Verneinung)

nischte wird!
das schlage dir aus dem Kopf!

das geht wie *nischte*
das geht ohne Anstrengung

noch und nöcher
sehr viel

dem sieht man keine *Not* nich an
dem geht's gut

nach *Noten* angeben
sehr aufschneiden

nach *Noten* prügeln
heftig verhauen

laß dich nich *nötigen!*
lang nur zu, fühle dich zu Hause

nu da, nu da!
Ausdruck der Bewunderung, Verwunderung

nu freilich!
selbstverständlich!

nu ja ja, nu nee nee
Ausdruck der Unentschlossenheit, schlesisches Geduppeltsein

die Stufen *nuff* laufen
die Treppe hinaufgehen

er tut wie *Nulpe*
er stellt sich unwissend

auf *Nummer* sicher gehen
Zurückhaltung üben

er sitzt auf *Nummer* sicher
er sitzt im Gefängnis

nunderzu gewachsen
klein geblieben

O

auf dem Foto bin ich *oben*
auf dem Foto bin ich zu sehen

oben hui und unten pfui
äußerlich großartig, darunter schmutzig (auch im übertragenen Sinne)

bei dem ist *oben* eingebrochen worden
der ist verrückt

Obernigk liegt zwischen Sorge und Kummernigk,
wer sich da will ernähren, der muß suchen Pilz und Beeren,
und wer diese nicht kann finden, der muß Besen binden
Spottvers mit Anspielung auf den Sandboden der Obernigker Umgebung

nicht recht im *Oberstübchen* sein
verrückt sein

dem kalbt der *Ochse* im Backofen
der hat unverhofftes Glück

wie der *Ochse* vorm Scheuntor stehn
naiv, dumm, tolpatschig sein

vom *Ochsen* kann man nich mehr wie Rindfleisch verlangen
mehr kann man nicht erwarten

na wart *ocke!*
Drohung

das liegt nich in der alten *Oder*
das ist nicht verloren, das findet sich schon wieder,
Vergessenes erhält man wieder

bis dahin wird noch viel Wasser die *Oder* runterfließen
das ist noch in weiter Ferne

zum *Oderzuschütten*
sehr viel

das Feuer bullert im *Ofen*
das Feuer knistert und macht schön warm

Hosen wie *Ofenröhrdl*
zu enge Hose

mach's Fenster *offen!*
öffne das Fenster!

jemanden ein' Floh ins *Ohr* setzen
jemandem falsche Hoffnungen erwecken

einen kleinen Mann im *Ohr* haben
verrückt sein

halt die *Ohren* steif!
sei vorsichtig, damit nichts passiert!

der hat genug um die *Ohren*
der hat's nicht leicht, der hat viel zu tun, muß viel verkraften

Ohren wie Topphenkel
große Ohren

bis über beide *Ohren* verschossen sein
sehr verliebt sein

der hat noch Eierschaln hingern *Ohrn*
der ist noch unreif

der is noch nich trocken hingern *Ohrn*
der ist noch unreif

auf 'n *Ohrn* sitzen
absichtlich schlecht hören

der gelbe *Onkel*
die Sente

er laatscht übern großen *Onkel*
er stellt die Füße beim Gehen einwärts

die hamm Kinder wie die *Orgelpfeifen*
die haben viele Kinder (jedes Jahr eins)

das is, wie wenn *Ostern* und Pfingsten auf einen Tag träfe
das ist wunderschön, großartig

der 3. *Osterfeiertag*
Dienstag nach Ostern, Emmaustag

P

der hat sei *Packel* (Päcksel) zu tragen
der hat ein schweres Schicksal

ich sag's mein'm großen Bruder, der schmeißt dich mit *Pampe*
Drohung: mein großer Bruder verprügelt dich

pampst euch nich so voll, es gibt noch was Guttes
eßt nicht so viel, es gibt noch einen guten Nachtisch

die/der/das is nich von *Pappe*
die/der/das hat es in sich, das ist ein starkes Stück

jemandem *Pappe* ums Maul schmieren
jemandem schöntun

partout nich aufhörn woll'n
um alles in der Welt keine Ruhe geben

aufs *Paschen* geh'n
zum dörflichen Volksfest gehen

das kommt mir zu *passe*
das kommt mir gerade recht

auf 'n Tod *passen*
im Sterben liegen

das *paßt* wie die Faust aufs Auge
das paßt genau oder auch gerade nicht

Pasters Kinder, Lehrers Vieh geraten selten oder nie
Spottvers

besuch mich bei *Patschke* (Patschkau)!
laß mich in Ruhe!

der macht ne gutte *Pattie*
der heiratet ein reiches Mädchen

pauer nich so!
sprich hochdeutsch!

was der *Pauer* nich kennt, frißt er nich
Ausspruch, wenn jemand ein ihm unbekanntes
Essen verschmäht

der *Pauer* pflügt umsonst die Erde,
spricht der Herr nich „werde!"
schlesische Bauernregel

die tümmsten *Pauern* hamm die größten Kartoffeln
unverdientes Glück haben

bei den *Pauern* sind die Totschen breiter wie bei den Städtern
die Bauern können besser zupacken

mit *Pauken* und Trompeten durchrasseln
eine Prüfung nicht bestehen

Pech am Hintern haben
nicht aufstehen wollen (aus dem Bett oder im Gasthaus)

der hat an einer *Pechnelke* geschnuppert
der hat viel Pech

eingehn wie 'ne *Pellagonie*
sich nicht mehr aufraffen können

rück mer nich so auf de *Pelle!*
belästige mich nicht! tritt mir nicht zu nahe!

seit der Vatel *pengsoniert* is, forzelt er der
Muttel egal um die Beene rum
steht er der Mutter dauernd im Wege

falsch wie die *Pest*
hinterhältig

Peter, Purzel, bricht dem Korn die Wurzel
Bauernregel: an Peter und Paul beginnt die Ernte

bei dem wird der *Petrus* ein Auge zudrücken müssen
der hat ziemlich liederlich gelebt

da wird der Hund in der *Pfanne* varrickt!
das ist ja unerhört! das darf doch nicht wahr sein!

wie 'n *Pfannkuchen* ausnander gehn
dick werden

das kannste halten wie der *Pfarrer* Nolte,
der machte, wie er's wollte
das ist egal, mach, was du willst

aus dem letzten Loch *pfeifen*
nicht mehr lange durchhalten (finanziell), elend sein,
bald sterben

die Engel *pfeifen* hörn
Schmerzen erdulden müssen

Pfeifendeckel!
nichts ist! das kannst du dir aus dem Kopf schlagen

jemandem alles auf Heller und *Pfennig* zurückzahlen
jemandem alles zurückzahlen (auch im übertragenen Sinne)

der hat kein'n roten *Pfennig* nich
der ist sehr arm

aufs magerste *Pferd* setzen sich die fettesten Fliegen
wer wenig hat, dem wird noch das Letzte genommen

wie 'n *Pferd* saufen können
viel trinken und vertragen können

ein *Pferd*, das gutt zieht, muß noch mehr ziehen
wer etwas leistet, von dem erwartet man noch mehr

mach mer nich die *Pferde* wild!
bereite keine Unruhe

hier könn'n mich keine zehn *Pferde* halten
hier bleibe ich nicht

ich hab schon *Pferde* kotzen sehn
alles ist möglich

ein *Pfiff*, und du bist umzingelt
Drohung

sich wie 'n *Pfingstochse* putzen
sich auffällig kleiden, zurechtmachen

zum *Piepen*
zum Lachen, sehr lustig

einen *Pieps* haben
verrückte Ideen haben

den hamm se in de *Pilze* geschickt
der kommt nicht so schnell zurück

feiner *Pinkel*
vornehmer Mensch, Vornehmtuer

das kam wie aus der *Pistole* geschossen
das war eine schnelle Antwort (Reaktion)

pläken wie a Feuerkolb
laut schreien

Plapperwasser getrunken haben
zu viel reden

die *Platze* kriegen
ungeduldig werden, aus der Haut fahren

sie *platzt* immer gleich los
sie wird immer gleich ungeduldig, gibt Widerpart

der hat's auf der *Plauze*
der hustet stark, der ist lungenkrank

auf der *Plauze* liegen
stark erkältet im Bett liegen

du bist wohl *plemplem*
du bist verrückt

plieräugig sein
schlecht sehen, entzündete Augen haben

geh mir aus 'm Wege, sonst mach ich *Plimpelwurscht* aus dir
Drohung: laß mich in Ruhe, sonst kannst du was erleben

da war *Polen* offen
da war was los

noch is *Polen* nich verloren
noch ist alles offen

schwarze *Popel*
dunkle Wolken

ich laß mich nich zum *Popelmann* machen
ich laß mich nicht zum Narren halten, mit mir kann man das nicht machen

fahr nich nach *Pöpelwitz!*
bohre nicht in der Nase!

einen *Posttag* zu spät kommen
sich verspäten, etwas versäumen

in *Prast* kommen
in Druck, in Schwierigkeiten, in Erregung kommen

'ne kurze *Predigt* und lange Bratwürschte sollten gutt sein
Aufforderung, vor einem Festessen keine lange Rede zu halten

du mußt immer das *Pree* haben
du mußt immer im Mittelpunkt stehen

gepfefferte *Preise,* gesalzne Preise
hohe Preise

Prost, Gesundheit, Dankeschön, ich mach mer 'n Dreck alleene!
Ausspruch nach Niesen, wenn niemand „Gesundheit“ gewünscht hat

Prost Mahlzeit!
Ausruf der Verwunderung

kurzen *Prozeß* machen
keine Umstände machen, etwas schnell erledigen

Prügel verdienen
etwas Dummes machen, sagen

jemanden nach Noten *prügeln*
jemanden heftig prügeln

das *prügelt* sich aber
das paßt nicht zusammen (Kleidung, Meinung)

einen breiten *Puckel* haben
viel vertragen können

jemandem Steine auf 'n *Puckel* schmeißen
von jemandem schlecht denken, schlecht reden

auf andrer Leute *Puckel* is gutt rutschen
fragwürdige Ratschläge erteilen und andere ausprobieren lassen

sich *pucklig* lachen
herzhaft lachen

sich *pucklig* freuen
sich sehr freuen

wie'n begossner *Pudel*
abgeblitzt

Flenn ocke, was de flennst, brauchste nich zu *pullen!*
weine dich nur aus!

wie im *pulschen* Kriege
drunter und drüber

nu mach mal 'nen *Punkt!*
jetzt hört aber alles auf! Schluß mit dem Gerede!

bis in die *Puppen* schlafen
lange schlafen

jemandem etwas *pusten*
eine Bitte abschlagen

ursch nich so mit der *Putter!*
schmiere die Butter nicht so dick!

tut ein gutt Stück *Putter* rein, wird das Kind zufrieden sein
Vers für Kinder, denen man das Essen mit einem Extrastück Butter schmackhaft macht

krebsen wie 'ne Fliege in der *Puttermilch*
sich in einer ausgweglosen Lage befinden

Klinken *putzen*
betteln

Q

einen *Quadratschädel* haben
einen großen Kopf, einen Dickkopf haben

eine *Quadratschnauze* haben
ein großes Mundwerk haben

sich über jeden *Quark* ärgern
sich über jede Kleinigkeit ärgern

davon verstehste 'nen *Quark*
davon verstehst du nichts

das geht dich 'nen *Quark* an
das geht dich nichts an

Putter und *Quark* macht stark,
Quark alleene macht miede Beene
Butter gibt Kraft (schlesisches Sprichwort)

eßt ock *Quark*, der kiehlt –
ich eß Putter, und wenn ich verbrenne
schlesische Redensart

nach Buxtehude in die *Quarkmühle*
Antwort auf die Frage: wo gehst du hin?

Quarkspitzen!
denkste!

quatsch nich, Krause!
rede kein dummes Zeug!

quatsch keine Opern!
erzähle keine Märchen!

Quatsch mit Soße!
das ist Unsinn!

du bist a reenes *Quecksilber*
du kannst nicht stillsitzen

ganz *quere* laufen
betrunken sein

R

Rache is Bluttwurscht!
Drohung: mit dir habe ich noch ein Hühnchen zu rupfen!

sich die *Radiesel* von unten angucken
tot sein

ein *Radl* im Koppe haben
verrückt sein

ich *ramm* dich ungespitzt in 'n Boden!
Drohung

nich zu *Rande* kommen
mit etwas nicht fertig werden, kein Ende finden

einen *Rappel* haben
verrückt sein

bei dem *rappelt's* wohl
der ist verrückt

dich hammse wohl mit der Sense *rasiert*
du bist wohl verrückt

Süßholz *raspeln*
küssen, knutschen, schön reden

tumm kannste sein, aber *Rat* mußte dir wissen
Hauptsache, du kannst eine Lage meistern,
schlesisches Sprichwort

der kriegt kein *Ratz* von mir
der bekommt gar nichts von mir

wie 'n *Ratz* schlafen
tief schlafen

Räuberpistolen erzählen
Unwahrscheinliches erzählen

gleich *rauchts 's*!
Drohung

Raupen im Koppe haben
verrückte Ideen haben

raus aus Metz!
aufstehen!

raus aus 'm Loch!
raus aus dem Bett! aufstehen!

die kann man im Schlaf *raustragen*
die schläft ganz fest

strenge *Rechnung* erhält gute Freundschaft
schlesische Redensart:
unter Freunden soll man seine Schulden gleich bezahlen

da haste aber die *Rechnung* ohne den Wirt gemacht
so geht 's nicht

nu, das is ja meine *Rede*
das ist ja meine Ansicht

der *redet* inwendig
der ist schweigsam

der *red't* a Wort und lebt a Jahr
der verspricht viel, ohne es zu halten

die *redt't* wie ihr der Schnabel gewachsen ist
die spricht alles frei heraus

war viel *red't*, dar muß viel wissa oder liega
schlesische Lebensweisheit

es hört auf, langsam zu *regnen*
es gießt

es *regnet* Schusterjungen
es schüttet

es *regnet* Bindfäden
Dauerregen

reib dir die Bratkartoffeln aus'n Glotzen
sieh genau hin!

reif für die Klapsmühle
verrückt

die Luft is *rein*
du kannst reden, kein Fremder hört zu

der hat sich gutt *reingesetzt* und sitzt jetzt gutt warm
der hat eine reiche Frau geheiratet

seine Gräten *reinschustern*
sein Geld in etwas hineinstecken

die hat immer einen *Riecher*
die ahnt stets etwas, sieht immer etwas voraus

reiß dich am *Riemen*!
nimm dich zusammen!

ein abgehackter *Riese*
ein besonders kleiner Mensch

bei dem *rieselt* der Kalk
der wird alt, senil

zum *Ringelpietz* mit Anfassen gehn
zum Tanz, zum Vergnügen gehen

dem kann man das Vaterunser durch die *Rippen* blasen
der ist dürr, mager, sieht elend aus

mit der *Ritsche* getitscht sein
verrückt sein

da steigt mir der *Rogen* auf
da bekomme ich eine Wut, einen Zorn

wie ein *Rohrspatz* schimpfen
laut und heftig schimpfen

zum *Rollen* gehn
Wäsche mangeln gehen

der Schnuppen, der *Rooch* und die Liebe, die lassen sich nich verbergen
schlesisches Sprichwort

Rotkopp, die Ecke brennt, die Feuerwehr kommt angerennt
Spottvers für einen Rothaarigen

frech wie *Rotz*
sehr frech

Rotz und Wasser flennen
heftig weinen

wie Gräfin *Rotz* auf der Gießkanne
Angeberin

ohne *Rücksicht* auf Verluste
besonders rücksichtslos

mich *rückt* der Schlucken – wer denkt an mich?
schlesische Redensart bei Schluckauf

das ging *ruckzuck* die Waldfee
das klappte gut und schnell

jemandem um die Beine *rumferzeln*
jemandem dauernd im Wege sein

S

ich *sack* dich ein wie 'n nassen Hund!
mit dir werde ich schon fertig werden, dich bezwinge ich schon!

dich steck ich dreimal in 'n *Sack!*
mit dir werde ich schon fertig werden!

du hast wohl zu Hause *Säcke* vor 'n Türn
Ausspruch, wenn jemand nicht die Tür hinter sich schließt

du bist 'ne besoffne *Sackstrippe*
du hast zuviel getrunken

ich *sag* lieber so gutt wie nischt
da sage ich lieber gar nichts

hat er gesagt, *sagt* er
typisch schlesische Bekräftigung

mit allen *Salben* geschmiert
raffiniert

red' ock keen *Salm!*
rede keinen Unsinn!

du kriegst Schnicke, bis daß de in kein' *Sarg* mehr reinpaßt
Androhung von heftiger Prügel

sattersch!
seht ihr's! merkt es euch!

unter aller *Sau*
sehr schlecht

wie 'ne gesengte *Sau* fahren
rücksichtslos fahren

saufen wie die Löcher
unmäßig trinken

Saure-Gurken-Zeit
die Zeit, in der in Geschäften, bei Handwerkern, im Haus nicht viel Arbeit anfällt

ärger dich nicht, das *schad't* der Gesundheit
ärgern lohnt sich nicht

Schäflein zur Rechten, gibt 's was durchzufechten,
Schäflein zur Linken, wird Freude dir winken
schlesisches Sprichwort

sich in *Schale* werfen (hauen)
sich gut, elegant anziehen

sich in *Schale* halten
immer gut, elegant angezogen sein

ach du *Schande*
na so was!

mach mir keine *Schande*!
benimm dich anständig!

wir werden das Kind schon *schaukeln*
das werden wir schon erreichen, das geht schon in Ordnung

ein Gemüte wie 'n *Schaukelpferd* haben
besonders gutmütig sein

sich *scheckig* lachen
herzhaft lachen

Scheibe bei Glatz!
Scheiße!

der kann sich 'ne *Scheibe* abschneiden
dem hab ich Bescheid gesagt

scheinheiliger Priesta
hinterhältiger Mensch

einen *Schemel* vor die Tür setzen
eine Verhandlung abbrechen

jemandem einen *Schemel* vor die Tür setzen
jemanden hinauswerfen

essen wie 'n *Scheundrescher*
reichlich essen

wie der Ochse vor 'm *Scheuntor* stehn
naiv, dumm, tolpatschig sein

jemandem eine *schieben*
ohrfeigen

das ist der *Schiedunter*
das ist der Unterschied

schief gewickelt sein
etwas falsch verstehen

Schiepla, hamm se dich geplotscht – da werste woll eigiehn
nimm's nicht so tragisch, mach' kein großes Theater um die Sache

jemandem eine *schießen*
ohrfeigen

wie ein *Schießhund* aufpassen
ganz genau aufpassen, alles sehen

mit jemandem *Schindluder* treiben
mit jemandem Schabernack treiben, ihm Böses antun

der treibt mit seiner Gesundheit *Schindluder*
der setzt seine Gesundheit aufs Spiel

schischau schäm dich, alle Leute sehn dich!
Spottvers für nackte Kinder, die sich anziehen sollen
(mit Gegeneinanderreiben der Zeigefinger)

meine Alte die hat *Schkonnerle* geruppt,
da sind se nackig in der Stube rumgehuppt
Spottvers zur Melodie des Hohenfriedberger Marsches

die Hose *schlackert*
die Hose hängt an ihm herum

die kann man im *Schlaf* raustragen
die schläft sehr tief

bis in die Puppen *schlafen*
lange schlafen

wie 'ne Ratz *schlafen*
tief schlafen

schlaft ock sisse!
schlaft gut!

die *schläft* an der Wasserleitung
die erfährt alles, weiß alles

schlag dir das bloß aus 'm Koppe
daraus wird nichts, das ist unmöglich

der hat einen *Schlag* weg
der ist betrunken

das is wie 'n *Schlag* ins kalte Wasser
das kommt überraschend

entweder du *schlägst* 'n schärferes Tempo an oder du verziehst dich
Drohung: entweder du arbeitest anständig mit oder du verschwindest

Schläs'sch is Trumpf!
so sollte es sein!

ich nehm dich am *Schlawittchen*
ich werf dich raus

da is se aber *schlecht* geworden
da ist sie ärgerlich, wütend, aggressiv geworden

es könnt einem *schlecht* werden, wenn man dem bei der Arbeit zuguckt
der arbeitet unmöglich

er ist ihr ganz schön auf die *Schleppe* getreten
er hat sie beleidigt

wie wärsch, wenns noch *schlimmer* wär
Trost

mit dem werd ich anständig *schlittenfahren*
dem werde ich die Meinung sagen

ich könnt heulen wie'n *Schloßhund*
das tut mir sehr leid, ich leide darunter

Schluß am Bosporus!
jetzt ist aber Schluß!

ein *schmales* Handtuch
ein dürrer Mensch

wohl dem, dem's *schmeckt* und er hat was
schlesisches Sprichwort

wer gutt *schmert,* der gutt fährt
schlesisches Sprichwort

angeben wie zehn Pfund *Schmierseife*
gehörig angeben, aufschneiden

schmuckfuffzehn aussehn
besonders gut aussehen

Schmuh machen
betrügen, falsch spielen

reden wie der *Schnabel* gewachsen ist
frei herausreden, ohne Umschweife

Dienst is Dienst und *Schnaps* is Schnaps
alles zu seiner Zeit

jemanden zur *Schnecke* machen
jemanden fertigmachen

sich wie 'n *Schneekönig* freuen
sich riesig freuen

jemanden *schneppen*
jemanden betrügen

wenn de nich gleich die Klappe hältst, kriegste *Schnicke*
Drohung

du kriegst gleich *Schnicke,* daß de in kein'n Sarg mehr reinpaßt
Drohung

die/das sieht aber *schniepel* de bong aus
die/das sieht besonders gut aus

das geht wie am *Schnürdl*
das geht zügig voran

der *Schnuppen,* der Rooch und die Liebe,
die lassen sich nich verbergen
schlesisches Sprichwort

der kann seine Knochen im *Schnupptüchel* heimtragen
der ist bei einer Prügelei unterlegen

mein lieber *Scholli!*
Bestärkung einer Aussage

komm doch *schon!*
komm endlich!

es schmeckt *schön*
es schmeckt gut

wer will *schön* sein, muß was ausstehn
Schönheit verlangt ihren Preis

für jemanden um *schön* Wetter bitten
sich für jemanden einsetzen

das wär ja noch *schöner!*
das kommt nicht in Frage!

der *schoppt* sehr nach Atem
er atmet schwer

der kann sich seine Kröten in 'n *Schornstein* schreiben
der ist sein Geld los

Schornsteinfeger Littabär, schieb die Kugel hin und her,
schieb se nich zu weit, kriegst a beeses Weib
Kinderspottvers auf einen Kaminkehrer

nicht alle Tippel im *Schrank* haben
verrückt sein, Unmögliches verlangen

schriftdeutsch sprechen
hochdeutsch sprechen, deutlich die Meinung sagen

hau ab oder ich jag dich, daß de die *Schuhe* verlierst!
verschwinde schnellstens!

die wolln zwei Paar *Schuhe* unters Bett stellen
die wollen heiraten

mehr *Schulden* als Haare auf 'm Kopp haben
sehr verschuldet sein

der Mutter am *Schürzebändel* hängen
ein Muttersöhnchen sein, der Mutter wie eine Klette anhängen

es regnet *Schusterjungen*
es gießt

die erste *Schwalbe* macht noch keinen Sommer
schlesische Wetterregel

wenn die *Schwalben* niedrig fliegen,
wern wer bale Regen kriegen
schlesische Wetterregel

Schwamm drüber, Latschke drauf!
das ist erledigt, vergessen, verziehen!

der wer' ich Bescheid geben, daß die *Schwarte* kracht
der werde ich die Meinung sagen, daß die Fetzen fliegen

in der Nacht sind alle Kühe *schwarz*
das macht nichts, das fällt nicht auf, das ist belanglos

schwarze Popel
dunkle Wolken

gutt's *Schweindl* frißt alles
im Essen nicht wählerisch sein

ein *Schweinegeld* haben
viel Geld haben

das sieht ja aus wie 'm *Schweinestalle*
hier sieht es schlimm aus (unaufgeräumt, schmutzig)

Schweinevesper machen
Kuchen und Herzhaftes zusammen essen (zwischen Mittagessen und Abendbrot)

das geht wie im *Schweinsgalopp*
das geht sehr schnell

schwer von Kapee sein
langsam kapieren

schwofen gehn
tanzen gehen

der kommt in *Schwulitäten*
der hat Schwierigkeiten

da geht der *Seeger* recht
da ist alles in Ordnung

da geht der *Seeger* nich recht
da stimmt manches nicht, da gibt es oft Streit

nu hat aber die liebe *Seele* Ruh
jetzt hast du wieder was erreicht

eine *Seele* von Mensch
ein besonders gutmütiger Mensch

das gefällt mir am *sehrsten*
das gefällt mir am besten

da ging mer der *Seifensieder* auf
da habe ich endlich begriffen

dem Vatel *sein* Mantel
Vaters Mantel

se *sein* noch für sich
bei denen ist noch kein Kind unterwegs

seitwärts gehn
zur Seite gehen

wer's glaubt, wird *selig*, wer's nich glaubt,
kommt auch in'n Himmel
das ist unwahrscheinlich

das geht weg wie warme *Semmeln*
das findet großen Anklang

dich hammse wohl mit der *Sense* rasiert
du bist wohl verrückt

dir hammse wohl mit der *Sense* die Haare geschnitten
du hast ja einen verheerenden Haarschnitt

nu *sett* amol an!
das ist überraschend

settersch!
jetzt seht ihr's!

setz dich dorthin, wo die Großmuttel gesessen hat,
wie se Braut gewest war: auf die vier Buchstaben
Antwort auf die Frage: wohin soll ich mich setzen?

sind Se froh!
seien Sie froh!

singen wie die Nachtigall unterm Stein
nicht singen können

die Engel *singen* hören
Schmerzen erdulden

wo man *singt,* da laß dich ruhig nieder, böse Menschen spielen Grammophon
Spottvers

labt ock *sisse!*
bleibt gesund!

der hat ein'n *sitzen*
der ist betrunken

jemandem auf der Tasche *sitzen*
von jemandem ausgehalten werden

der hat kein *Sitzefleisch*
der hat keine Ausdauer

mach dich auf die *Socken!*
verschwinde!

laufen, daß die *Socken* qualmen
schnell laufen

wenn man keine *Sorgen* hat, macht man sich welche
sich unnötige Sorgen machen

arbeiten, daß die *Späne* fliegen
hurtig arbeiten

Spaß muß sein bei der Leich, sonst geht keiner mitte
selbst bei traurigen Anlässen nicht den Humor verlieren

wie 'n *Spechtel* essen
wenig, zu wenig essen

wie die Made im *Speck* leben
übermäßig gut leben

ran an den *Speck*!
vorwärts! an die Arbeit!

die Kleene is wieder mit Dreck und *Speck* ins Bette gegangn
die Kleine hat sich vor dem Schlafengehen nicht gewaschen

du glänzst ja wie 'ne *Speckschwarte*
du bist zu viel eingeschmiert, du strahlst ja förmlich

der hat die *Spendierhosen* an
er ist freigebig

mach keine *Sperenzel!*
mach keine Schwierigkeiten! gehorche!

er brüllt, wie wenn er am *Spieße* hängt
er schreit entsetzlich

bei denen *spielt* sich nichts ab
die schlafen nicht miteinander

Spinne am Morgen bringt Kummer und Sorgen,
Spinne am Mittag bringt Glück in 'n Geldsack,
Spinne am Abend, erquickend und labend
schlesisches Sprichwort

die wäscht die *Sporren*
die hat einen Putzfimmel (sie wäscht sogar die Dachsparren)

wenn ich sull ehrlich *sprechen ...*
Einleitung für eine Ablehnung, negative Einstellung

ma mecht *sprechen:* 's wär nich möglich
das ist ja unglaublich, unmöglich

sprechen, als wenn man's bezahlt kriegt
unaufhörlich reden, nach dem Munde reden

wer *spricht* – sät, wer zuhört – erntet
schlesische Lebensweisheit

mir bleibt die *Spucke* weg
ich habe keine Worte mehr

mit Geduld und *Spucke* fängt man manche Mucke
mit Gelassenheit und Geduld erreicht man viel

die macht *Staat*
die stellt etwas vor, die kann sich sehen lassen

in die *Stadt* gehen
größere Besorgungen machen

du wirscht ja *staunen,* wirschte
Beginn eines spannenden Berichts

den *steck* ich dreimal in 'n Sack
mit dem werde ich leicht fertig

bei der bleibt kein *Stecken* grade
die ist eigensinnig

wo *steckt* denn dein Sohn jetzt?
was macht denn dein Sohn zur Zeit?

jemandem *Steine* auf 'n Puckel schmeißen
von jemandem schlecht denken, schlecht reden

du hast bei mir verschissen bis in die *Steinzeit* und zurück
zwischen uns ist es aus

daß sich keiner nich von der *Stelle* rührt
doppelte Verneinung

der muß schon lange *stempeln* gehn
der ist schon länger arbeitslos

wer selig will *sterben,* laß den Hof dem rechten Erben
schlesische Bauernregel

seit das *Sterben* aufgekommen is,
is man seines Lebens nich mehr sicher
schlesische Redensart

auf 'n *Sterbs* gehn
sterben

auf 'm *Sterbs* liegen
todkrank sein

das Essen hat ein' *Stich*
das Essen ist nicht mehr bekömmlich

das *sticht* mir in die Augen
das gefällt mir besonders, das möchte ich gern haben

euch *sticht* der Haber
ihr seid aber übermütig, ausgelassen

der Fritze is schon so 'n richtiges *Stickel* Mann
der Fritz ist schon ein richtiger Mann geworden

einen schönen *Stiefel* vertragen
viel trinken können, ohne betrunken zu werden

wenn die *Stiefel* knarrn, sind se nich bezahlt
schlesisches Sprichwort

einen *still* ausläuten
einen ohne Glockengeläut beerdigen

die is *still* wie a Mäusel
die ist verschwiegen, der kann man etwas anvertrauen

es is so *stille* – ein Engele fliegt durch die Stube
schlesisches Sprichwort

bis ock *stille!*
sei ruhig! (Trost)

die *stimmen* zusammen
die vertragen sich gut

stinken wie 'n Wiedehupp
unangenehmen Körpergeruch haben

friß Vogel oder *stirb!*
Drohung

einen *Stöbrich* weghaben
betrunken sein

der *Storch* hat Visite gemacht
ein Kind ist geboren worden

wie'n *Storch* eim Salate gehn
gestelzt gehen

nu brat mer einer 'n *Storch*, die Beine recht knusprig
das kann nicht wahr sein

sie *stößt* das Böckel
sie schluchzt unaufhörlich

das *stößt* mir immer wieder auf
das kann ich nicht vergessen

Strabelkatze ziehn
sich zanken

voll wie 'ne *Strandhaubitze*
sehr betrunken sein

dich *streit* ich schon
mit dir werde ich schon fertig

das Kind kann wieder sein'n Teller nicht *streiten*
das Kind hat wieder nicht aufgegessen

beide ziehn an einem *Stricke*
die beiden verstehen sich gut

in *Stroppen* schmiert man die Erdachse
schlesisches Sprichwort

das ist *Strumpf* wie Niederschuh
das ist egal

der ißt alles mit *Strunk* und Stiel
der läßt nichts übrig

die gutte *Stube*
das Wohnzimmer, das nur an Sonn- und Feiertagen
benutzt wird

auf Dokter *studieren*
Medizin studieren

auf geistlich *studieren*
Theologie studieren

jemandem den *Stuhl* vor die Tür setzen
jemanden hinauswerfen

ich hab eine geschlagne *Stunde* gewartet
ich habe sehr lange gewartet

in der elften *Stunde*
nach zehn Uhr

Suppe macht Wampla, Wampla macht Ansehen, Ansehen gibt Kredit
schlesische Lebensweisheit

Süßholz raspeln
küssen, knutschen, schön reden

lebt ock *süsse!*
bleibt gesund!

suste nischt ock heem!
schlesische Lebensweisheit: aus einem Gedicht von Holtei:
sonst nichts als nach Hause

T

den lieben langen *Tag*
den ganzen Tag

man soll den *Tag* nich vor dem Abend loben
abwarten!

ewig und drei *Tage*
sehr lange, immer

da fehln mer drei Mark zum *Taler*
das verstehe ich nicht, das ist mir schleierhaft

das kost' ein' schönen *Taler* Geld
das kostet viel

willste wissen, was 'n *Taler* wert is, borg dir een
schlesische Lebensweisheit

der eine is 'nen *Taler* wert, der andre dreißig Böhme
beide sind gleich viel wert, beide habe ich gleich lieb

hier hast 'nen *Taler,* geh auf 'n Markt, kauf dir 'ne Kuh,
'n Kälbchen dazu – kille, kille wenzchen
(dabei auf den Handteller streichen, zum Schluß killern)
Kinderabzählreim und Kindertrost

reine *tälsch* vor Freude
überaus glücklich

dann nich, liebe *Tante*, heiratste den Onkel,
seid ihr auch Verwandte
mach, was du willst, es bleibt sich gleich

das werd ich aufs *Tappet* bringen
das werde ich zur Sprache bringen

wie von der *Tarantel* gestochn
sehr schnell, intensiv

jemandem auf der *Tasche* sitzen
von jemandem ausgehalten werden

wo *Tauba* sein, da fliega Tauba zu
wer schon viel hat, bekommt noch mehr

bei den' geht's ja zu wie im *Taubenschlag*
die haben laufend Besuch

vom Hundertsten ins *Tausendste* kommen
beim Erzählen kein Ende finden, durch ein Wort viele Erinnerungen wecken

der hat ganz scheen ein' im *Tee*
der ist betrunken

'ne *teige* Birne haben
verrückt sein

Teller, da liegt die Wurscht schon oben
du möchtest alles ohne Anstrengung haben

zum *Tempel* rausschmeißen
aus der Wohnung, aus dem Haus
(dem Allerheiligsten, der Privatsphäre) hinauswerfen

entweder du schlägst ein schärferes *Tempo* an oder du verziehst dich
Drohung: entweder du arbeitest anständig oder du verschwindest

die Wampe *tengeln*
verprügeln, treten

wenn man 'n *Teufel* nennt, da kommt er schon gerennt
wenn man von jemandem redet, taucht er plötzlich auf

da hat der *Teufel* seine Hand draufgelegt
das ist nicht zu finden

da schert sich kein *Teuwel* drum
darum kümmert sich niemand

der schert sich den *Teuwel* drum
der macht sich nichts draus

da kommste in *Teuwelsküche*
mach das nicht, sonst mußt du die Konsequenzen tragen, kannst bestraft werden

ticksch werden
aggressiv werden

besoffen wie 'ne *Timpelkröte*
stark betrunken

ganz scheen in der *Tinte* sitzen
sich etwas eingebrockt haben

da müßt ich ja *Tinte* gesoffen haben
das tue ich nicht, das kommt nicht in Frage

nich alle *Tippel* im Schrank haben
verrückt sein

zähl mal deine *Tippel*
du bist verrückt

kleine *Tippel* im großen, daß se sich nich stoßen
Antwort auf die Frage: was gibt es?: das wirst du schon sehen, das ist noch ein Geheimnis

ein Gesicht wie 'n *Tippel* Mehlsuppe haben
belämmert aussehen

der darf nich unterm *Tisch* vorgucken
der steht unter dem Pantoffel

angebn wie 'ne *Titte* Mücken
sehr aufschneiden

wer mit der *Tochter* Huxt machen will, muß der Mutta Pappe ums Maul schmiern
schlesisches Sprichwort: wer die Tochter heiraten will, muß der Mutter schön tun

nischt is umsonst, selbst der *Tod* kost' das Leben
schlesisches Sprichwort

auf 'n *Tod* passen
im Sterben liegen

für'n *Tod* gibt's keine Medizin, und wennste
die ganze Apotheke auffrißt
schlesische Lebensweisheit

der is gutt nach 'm *Tod* zu schicken
der erledigt einen Auftrag nicht so schnell

er is zu *Tode* gestorben
schlesische Verdoppelung

Tomaten auf 'n Augen haben
nicht sehen (wollen)

haste *Töne* (Teene)!
das ist ja allerhand, da bin ich aber überrascht!

der is dem *Totengräber* von der Schippe gehuppt
der war todkrank und ist wieder gesund geworden

beim *Totengräber* blüht's Geschäft
zur Zeit sterben viele

da geht's zu wie Mord und *Totschlag*
die streiten sich ständig

das is ja schlimmer als Vater und Mutter *totschlagen*
das ist eine aufreibende, entsetzliche Tätigkeit

Tränen zerdrücken, zerquetschen
heimlich weinen

trapp nich in die Morgenmilch!
sei vorsichtig!

'ne gutte Ziele haste ja, aber keine gutte *Treffe*
du kannst nicht treffen (Schneeball)

die *Treppe* hochlaatschen, nufflaufen
die Stufen hinaufgehen

jemandem eine *trillern*
ohrfeigen

noch nich *trocken* hingern Ohren
unreif sein

mit Pauken und *Trompeten* durchrasseln
eine Prüfung nicht bestehen

nicht recht bei *Troste* sein
verrückt sein

lauf gescheut auf 'm *Trottoir*, sonst fällste ins Gerinne
geh vorsichtig!

tritt nich auf die *Tschiepel!*
sei vorsichtig!

halt deine *Tschinscherlinge* zusammen
sei sparsam, sei nicht zu großzügig

tu, wie wenn de zu Hause wärst
laß dich nicht nötigen

wie *tulpe* tun
sich unschuldig, unwissend stellen

da kann man sich *tumm* und dämlich essen
das schmeckt hervorragend

tumm geboren, nischt dazu gelernt
besonders dumm

tumm wie Bohnenstroh
sehr dumm

tumm kannste sein, aber Rat mußte dir wissen
Hauptsache, du kannst eine Lage meistern

tumm wie die Sünde sein
sich ahnungslos in zweifelhafte Sachen ziehen lassen

der is nich so *tumm* wie er aussieht
der ist gerissen

wenn der *Tumme* zum wingsta so viel Verstand hätte,
daß er und er sich nich einbild't, klug zu sein
dem Dummen mangelt es an jeglichem Verstand

das muß ein'm *tummen* Menschen gesagt werden
das muß man vorher (rechtzeitig) ausmachen, bereden

du bist ja *tümmer* als lang
du bist sehr dumm

tümmer als die Polizei erlaubt
besonders dumm

tummes Zeug zusammenlabern
Unsinniges reden, schwarz sehen

wenn *Tummheit* wehtäte, müßtest du Tag und Nacht schrein
du redest nur dummes Zeug

Tummheit und Stolz wachsn uff eenem Holz
schlesisches Sprichwort

von *Tummsdorf* sein
dumm sein

nich von *Tummsdorf* sein
klug, gerissen sein

die zwei sind dicke *Tunke*
die beiden sind eng befreundet

allzu sisse *Tunke* wird merschtens sauer
schlesisches Sprichwort: zu dicke Freundschaft hält meist nicht lange

jemanden den Schemel (Stuhl) vor die *Tür* setzėn
jemanden hinauswerfen

mach die *Tür* von draußen zu!
geh endlich, verschwinde!

du kriegst die *Tür* nich zu
das ist unwahrscheinlich, unglaublich

etwas zwischen *Tür* und Angel bereden
etwas schnell, kurz besprechen

zwischen *Tür* und Angel stehen
im Ungewissen sein

du hast wohl zu Hause Säcke vor'n *Tür'n*
Ausspruch, wenn jemand nicht die Tür hinter sich schließt

da gibt einer dem andern die *Türklinke* in die Hand
dort kommt ständig Besuch

mach 's *Türla* zu!
schließe den Hosenschlitz!

nu mach aber *tuse!*
mach langsam, sei vorsichtig, überstürze nichts!

von *Tuten* und Blasen keine Ahnung haben
von nichts eine Ahnung haben, sich (absichtlich) unwissend stellen

U

der kommt von *uba* druba
der ist aus dem Gebirge

der is vom Leiermann *überfahrn* wor'n
der ist verrückt

überheb dich nicht!
hebe nicht zu schwer! übernimm dich nicht!

immer *übern* andern Tag
jeden zweiten Tag

überwendlich nähen
schludrig nähen

die *Uhr* bleibt hinten
die Uhr geht nach

die *Uhr* geht zu zeitig
die Uhr geht vor

um a Elfe
etwa um elf Uhr

mit der muß man *umgehn* wie mit 'm rohen Ei
die ist empfindlich, schnell eingeschnappt

umgekehrt wird 'n Schuh draus
das stimmt nicht, das ist anders

umsonst ist der Tod, und auch der kost' das Leben
schlesisches Sprichwort: nichts wird einem geschenkt

gib dort keen Geld nich aus für das, was de derheeme *umsonst* kriegen kannst
Ratschlag einer Ehefrau für ihren verreisenden Mann

der kriegt mehr *umsonst* wie andre fürs Geld
der nutzt seine Stellung (das Vertrauen) für sich aus

jemanden kurz *umstoßen*
einen kurzen Besuch machen

ein Pfiff – und du bist *umzingelt*
Drohung

wenn Se *und* Se würden
wenn Sie würden

ich tu dich *ungespitzt* in'n Boden rammen
Drohung

nischt ferr *ungutt!*
Verzeihung! ich bitte um Verständnis

sich die Radiesel von *unten* angucken
tot sein

laß dich nich *unterputtern!*
laß dir nichts gefallen! wehr dich!

unverhofft kommt oft
häufig geschieht etwas Unvorhergesehenes

ursch nich so mit der Putter!
schmier die Butter nicht so dick!

V

der geht ganz dem *Vater* nach
der ist wie der Vater (Aussehen, Gang, Gesten)

dem kann man das *Vaterunser* durch die Rippen (Backen) blasen
der ist sehr mager, elend

blau wie 'n *Veilchen*
sehr betrunken

der hat sich Prügel *verdient*
der hat etwas Dummes gesagt, getan

der *verdoktert* sein ganzes Geld
der trägt viel Geld zum Arzt

die sollt am lebendigen Leib *verdorrn*
die hat Strafe verdient

die hat einen *Verdrang*
die ist bei den Burschen (Männern) beliebt

verdreht sein wie 'n Kälberstrick
verrückt sein

verflischt und zugenäht!
leichter Fluch

der hat *vergessen,* Atem zu holen
der ist gestorben

der kann sich *verglasen* lassen
der ist dumm, nicht zurechnungsfähig

du siehst *vergratscht* aus
du siehst schlecht, übernächtigt aus

eine Arbeit *verhauen*
eine ungenügende Schularbeit schreiben

das is ja wie *verhext*
das geht nicht mit rechten Dingen zu

verhunz dich nich asu
zieh dich nicht so unmöglich an, mach dich nicht so auffällig zurecht

sich nich *verkaufen* lassen
sich nicht reinlegen, betrügen lassen

sich nich für dumm *verkaufen* lassen
eine Sache durchschauen

er hat sich *verkauft*
er hat etwas Falsches oder zu Teures gekauft

die kann ich nich *verknusen*
die kann ich nicht leiden

verliebt wie der Ochse ins Heugebündel
närrisch vor Liebe

nichts zu *vermelden* haben
nichts zu sagen haben

die Kinder spieln *verpampe*
die Kinder spielen mit nassem Sand

auf etwas *verpicht* sein
auf etwas versessen sein

jemanden *verpimpeln* und verpampeln
jemanden verwöhnen, verziehen

die beiden hamm sich *verplempert*
das Verhältnis der beiden ist zu Ende

jemanden nich *verputzen* können
jemanden nicht leiden können

verrückt und drei macht neune
das ist Blödsinn

da kann ich mir kein' *Vers* drauf machen
das verstehe ich nicht

dich *verscherbel* ich für'n Korb Äppel
du bist nichts wert

die sind *verschieden* wie Tag und Nacht
die ähneln sich gar nicht (innerlich und äußerlich)

du hast bei mir *verschissen* bis in die Steinzeit und zurück
zwischen uns ist es aus

du wirst dir keine Heirat *verschlagen*
das ist nicht schlimm, das macht nichts

jemanden *verschnicken,* bis daß er Lumpen kotzt
jemanden entsetzlich verprügeln

verschwinde wie die Wurscht im Spinde!
hau ab!

sie *verspitzt* sich auf 'ne goldne Uhr
sie hofft zuversichtlich, eine goldne Uhr zu bekommen

dich *verwams* ich, daß de in kein'n Sarg mehr paßt
Drohung

verzieh dich!
verschwinde!

verzwiebel dich!
verschwinde!

verzwirn dich!
verschwinde!

das tümmste *Vieh* pläkt am lautesten (mehrsten)
die größten Schreier sind nicht die klügsten

viel fährt man auf 'm Wagen
das ist nicht viel

zu *viel* und zu wing is immer a Ding
schlesisches Sprichwort: geh den goldnen Mittelweg!

ein *Vielfraß* wird nich geborn, sondern erzogn
schlesische Lebensweisheit

ums *Viertel* gehn
einen kleinen Spaziergang, einen kleinen Stadtbummel machen

friß *Vogel* oder stirb!
Drohung: tu, was ich sage!

der hat sich die Wampe ganz schön *vollgehaun*
der hat tüchtig zugelangt, zu viel gegessen

jemanden den Frack *vollhauen*
jemanden verprügeln

das is der Mantel *von* mir
das ist mein Mantel

der darf nich unterm Tisch *vorgucken*
der hat nichts zu sagen, steht unter dem Pantoffel

die hamm mit *Vorliebe* geheirat't
der Nachwuchs kommt zu zeitig

da hört sich doch *vunds* alles auf
das ist ja allerhand, das ist aber eine Überraschung

W

dir werd' ich die *Wache* ansagen
dir werde ich die Meinung, die Wahrheit sagen

viel fährt man auf 'm *Wagen*
das ist nicht viel

der hat ja Manieren wie 'n *Waldesel*
der hat ein schlechtes Benehmen

das ging ruckzuck die *Waldfee*
das klappte gut und schnell

die *Wampe* tengeln
verprügeln, mit Füßen treten

sich die *Wampe* vollhauen
(zu) viel essen

eine *Wampe* machen
beim Kopfsprung mit dem Bauch aufschlagen

ich schmeiß dich an die *Wand* und kratz dich wieder ab
Drohung: jetzt reicht's aber!

der hat sich gutt reingesetzt und sitzt jetze gutt *warm*
der hat eine reiche Frau geheiratet

warten eine geschlagene Stunde, eine Ewigkeit, ewig und drei Tage
sehr lange warten

was die alte Müllern is
die alte Frau Müller

der hat auf 'm *Waschbrettel* Koppstand gemacht
der hat gewelltes Haar

Rotz und *Wasser* flennen
heftig weinen

die hat am *Wasser* gebaut
die weint leicht

mir läuft das *Wasser* im Munde zusamm'
ich freue mich riesig auf das gute Essen

da wird noch viel *Wasser* die Oder runterfließen
da vergeht noch eine Zeit, das dauert noch lange

wer viel *Wasser* trinkt, kriegt Läuse in 'n Bauch
schlesisches Sprichwort: es gibt Besseres zu trinken als Wasser

mit allen *Wassern* gewaschen sein
raffiniert sein

der tut, wie wenn er kein *Wässerle* trüben könnt
der stellt sich unwissend, ist schlauer, als man denkt

an der *Wasserleitung* schlafen
alles wissen, Unbekanntes voraussehen

ich *watte* schon die ganze Zeit auf dich
ich warte schon lange auf dich

wattocke noch a bissel!
warte noch ein wenig

nu *wegen* mir und meiner
meinetwegen

heile, heile, *weggeblasen!*
zu kleinen Kindern, denen man Wunden wegbläst

laß dich nich mit *Weibern* ein, da plumpste in die Tinte rein!
schlesisches Sprichwort: Vorsicht vor Liebschaften!

die *Weisheit* mit Löffeln gefressen haben
überklug sein

der is nich von *weit* her
der ist nicht besonders klug

die *Welt*, das wär 'ne Perle,
hätt 's nich asu viel schlechte Kerle
schlesische Lebensweisheit

die kennt Gott und die *Welt*
die hat einen großen Bekanntenkreis

da is die *Welt* mit Brettern vernagelt
da geht's nicht weiter

der wird immer *weniger*
er ist sehr krank

wenn schon, denn schon
wenn man etwas sagt, tut, dann soll es Hand und Fuß haben

der hat sein *Werkzeug* an 'n Nagel gehangen
er ist gestorben

um die sein se rum wie die *Wespen*
die ist sehr umschwärmt

mit dem linken Auge in die rechte *Westentasche* gucken
schielen

ein *Wetter* zum Heldenzeugen
ein zauberhaftes Wetter

ein *Wetter*, daß man kein'n Hund vor die Türe jagen möcht
ein Sauwetter

für jemanden um schön *Wetter* bitten
sich für jemanden einsetzen, ein gutes Wort einlegen

keine *Widerparte*!
was ich sage, gilt!

wie 'n *Wiederhopp* stinken
unangenehmen Körpergeruch haben, unsauber sein

Wiederkloppe gilt (zählt) nich!
Regel beim Abschlagspiel

Wiedersehn macht Freude!
das ist nur ausgeliehen!

wer nich *will*, der hatt schon
aufgedrängt wird nichts

der hat 'n falschen *Willem*
der hat eine Perücke

der läßt sich nich an 'n *Wimpern* klimpern
der läßt sich nichts gefallen, ist selbstbewußt, energisch

der red't in a *Wind*
seine Anordnungen werden nicht befolgt

der *Windmüller* sagt: 's kommt rum
es kommt so, wie es kommen muß, irgendwann erreicht
auch einen bösen Menschen die gerechte Strafe

zu viel und zu *wing* is immer a Ding
schlesisches Sprichwort: geh den goldenen Mittelweg!

besser a *wing* als gar nischt
schlesisches Sprichwort: sei zufrieden!

das is 'n *Wink* mit 'm Zaunpfahl
das ist nicht zu übersehen, zu überhören

der is gutt übern *Winter* gekommen
der hat nicht abgenommen

lieber im *Winter* a Popel als im Sommer a Kriepel
zieht euch warm an!

der *wird* nich mehr
der ist todkrank

der *wird* wieder
der wird wieder gesund

da haste aber die Rechnung ohne den *Wirt* gemacht
so geht's nicht!

nicht aus noch ein *wissen*
sich selbst nicht mehr helfen können

sich für alle Zeiten *Witz* gekauft haben
für immer kuriert sein

es klärt sich auf zum *Wolkenbruch*
es regnet stark

sich in die *Wolle* kriegen
aneinandergeraten, sich streiten

jemanden in die *Wolle* bringen
jemanden zur Raserei bringen

das glaub ich aufs erste *Wort*
das glaube ich sofort

der red't a *Wort* und lebt a Jahr
der verspricht viel

mit jemanden ein *Wörtel* reden
jemandem die Meinung sagen

da hab ich auch noch ein *Wörtel* mitzureden
dazu muß auch meine Meinung eingeholt werden

wenn das *Wörtel* „wenn" nicht wär, wär so mancher
schon ein Millionär
schlesisches Sprichwort

sich den Hals *wund* reden
umsonst reden

Wurscht wider Wurscht
wie du mir, so ich dir

Z

du wirst dir keinen *Zacken* aus der Krone brechen
du bist nicht zu fein, das zu tun

das is nur für 'n hohlen *Zahn*
das reicht nicht zum Sattwerden

der *Zahn* wackelt wie 'm Hunde der Schwanz
der Zahn ist ganz locker

der hat *Zähne* wie Sterne
seine Zähne kommen nachts raus

die hat Haare auf 'n *Zähnen*
mit der ist nicht gut Kirschen essen

geh zum *Zahnklempner!*
geh zum Zahnarzt!

dich laß ich *zappeln*
du kannst warten

das is *zappenduster*!
wenn das mal gutgeht!

sich wie 'n *Zaunkönig* freuen
sich riesig freuen

a *Zehndl* Knoblich
eine Knoblauchzehe

ich werd dir *zeigen*, was 'ne Harke is
dir werde ich die Meinung sagen

ich wart schon die ganze *Zeit* auf dich
ich warte schon lange auf dich

die Uhr geht zu *zeitig*
die Uhr geht vor

sich in der *Zerre* haben
sich zanken, streiten

jemanden in der *Zerre* haben
über jemanden reden

jemandem was am *Zeuge* flicken
jemandem Übles nachreden, etwas beanstanden

ein Wetter zum Helden *zeugen*
ein zauberhaftes Wetter

das *Zeugnis* is unter aller Kanone (Sau)
das ist ein schlechtes Zeugnis

sich die *Ziche* vollhauen
viel essen

mach keine *Zicken*!
mach keine Schwierigkeiten, tue nichts, was du hinterher bereuen mußt!

zieh Leine!
verschwinde!

das Pferd, das gutt *zieht*, muß noch mehr ziehen
wer viel leistet, von dem erwartet man noch mehr

der hat heute *Ziehung*
der zieht den Naseninhalt hoch

eine gutte *Ziele* haben, aber keine gutte Treffe
nicht gut treffen können (Schneeball)

einen *Zieps* haben auf ...
auf etwas Bestimmtes großen Appetit haben

da hat der *Zimmermann* das Loch gelassen!
verschwinde!

red' doch kein' *Zinnober*!
das ist ja Unsinn, Quatsch!

wer *zinnt* vor der Schüssel, dem schadet 's im Rüssel
schlesisches Sprichwort: wer eine Speise nicht mag, bleibt hungrig

mach nicht so'n *Zirkus!*
stell dich nicht so an!

er *zittert* uff se
er ist sehr verliebt

du *zitterst* ja wie Espenlaub (wie eine Zitterpappel)
du frierst ja entsetzlich, du bist ja ganz aufgeregt

zu Hause gehn
nach Hause gehen

das ist keine *Zuckerlecke*
das ist unangenehm, anstrengend, mühevoll

mach nich so 'ne *Zucht*!
mach nicht so viel Wirbel, Aufhebens!

wer *zuerst* kommt, mahlt zuerst
immer der Reihe nach

der *Zug* geht
der Zug fährt

einen gutten *Zug* haben
viel trinken können

nimm das Oberhemde aus dem *zunen* Schranken
nimm das Oberhemd aus dem geschlossenen Schrank

ein *zunes* Auge
ein geschwollenes Auge, ein blaues Auge

das Herz auf der *Zunge* tragen
sagen, was man denkt – eine Wesensart des Schlesiers

der Name liegt mir auf der *Zunge*
ich weiß den Namen, aber er fällt mir nicht ein

sich *zurichten*
sich schmutzig machen, sich betrinken, sich erkälten

auf hinzu und auf *zurückzu*
auf dem Hinweg und auf dem Rückweg

in sich *zusammenkriechen*
kleiner werden

er hat nich viel zum *Zusetzen*
er ist sehr schwach

die hat was *zuzusetzen*
die wiegt mehr als notwendig, die hat was auf der hohen Kante liegen

zwei harte Steine mahln nich gutt
zwei Dickköpfe passen nicht gut zusammen

meine sieben *Zwetschgen*
mein ganzer Besitz

nimm deine sieben *Zwetschgen* zusamm!
vergiß nichts

das ist a varrickter *Zwickel*
der ist undurchschaubar

wie spät haste 's auf deiner *Zwiebel*?
wie spät ist es?

Synonyma

Unendlich viele sinnverwandte Wörter kennt der Schlesier, besonders für die Freuden und Leiden des Lebens, für den Umgang mit seinen Mitmenschen. Welche unwahrscheinlich vielfältigen Nuancen und Abstufungen drücken die einzelnen Bezeichnungen aus, für die im Hochdeutschen meist eine nähere, wortreiche Erklärung notwendig ist. Andererseits kennt der Schlesier aber auch sehr häufig Umschreibungen, weitschweifige Erläuterungen, Metaphern für einfache Aussagen, die in seinen Redewendungen, Sprichwörtern und Lebensweisheiten deutlich werden.

Beide Eigenarten sollen hier an einigen Beispielen aufgezeigt werden.

Übrigens – alle Tätigkeiten können mit dem „schlesischen Hilfsverb“ *tun* verstärkt werden.

Wem die Bedeutung einzelner Redewendungen und Wörter in der folgenden Zusammenstellung nicht mehr bewußt ist, schlage bitte im ersten Teil oder im Schlesischen Wörterbuch nach.

Woran denkt der Schlesier bei . . .

arbeiten

sich abärschen
sich abäschern
sich abeseln
sich abextern
sich abkrappeln
sich abmergeln
sich abplacken
sich abpuckeln
sich abquälen
sich abrabatzen
sich abrackern
sich abschinden
äschern
asten
äxtern
sich derschaffen
sich escherwieren
eseln
exern
extern
faktern
flitschen
flutschen
fummeln
gärteln
gratschen
ludeln
luscheln
kalfaktern
kaschern
klabastern
kniepeln
kotteln
malochen
maluchen
matsch sein
modeln
mootschen
mudeln
murksen
ochsen
pampern
patzen
sich placken
sich puckeln
pusseln
rabatzen
rabatzern
rabotten
rabottern
rabuschkern
rabuzzen
rackern
roboten
robotten
rumfummeln
rumgratschen
rumkrebsen
rummootschen
rummudeln
rummurksen
rumprudeln
rumpuddeln
rumrackern
rumtunteln
rumurbern
rumwirtschaften
rumwudeln
schaffen
sich schicken
schirgen
schludern
schürgen
sich totackern
sich totschinden
sich totschuften
urachen
urbatzen
vergratschen
vermootschen

vermootschkern
vermurksen
verpatzen
wergeln
werkeln
wühlen
wurachen
würgen
wurschteln
wurzeln

Abäscherei
Abplackerei
Abpuckelei
Abschinderei

Gratscherei
Kottelei
Mootscherei
Murks
Ochserei
Patzer
Plackerei
Pusselei
Rackerei
Rackserei
Robotterei
Schinderei
Wergelei
Wühlerei
Wurschtelei

arbeiten, daß die Schwarte kracht
arbeiten, daß die Späne fliegen
der arbeitet ja unmöglich
wie man ißt, so arbeit't man
Arbeit macht das Leben süß, Faulheit stärkt die Glieder
wie zum Essen, so zur Arbeit
wenn man keine Arbeit hat, macht man sich welche
erst die Arbeit, dann 's Vergnügen
hinter der Arbeit herlaufen
der stellt sich zur Arbeit an wie der Hahn zum Eierlegen
Arbeit hat 'ne bittre Wurzel, aber süße Früchte
von alleene sieht der keene Arbeit
wer die Arbeit kennt und sich nich drückt, der ist verrückt
bei der Arbeit verdient man nich das Salz in der Suppe
die schönste Arbeit is die, die andre machen
Arbeit is scheen – man kann stundenlang zugucken, ohne zu ermüden
da könnt ein'm schlecht werden, / wenn man dem bei der Arbeit zuguckt
sich die Beene ausreißen
Ehre, wem Ehre gebühret: Vater schieb du die Karre!
faul wie Mist
Gott sei's gedankt, getrommelt und gepfiffen!
viele Hände machen ein geschwindes Ende
die Hemdsärmel raufkrempeln
sich auf die Hinterbeine stellen
beim Kartenmischen is schon mal 'n alter Mann gestorben

was man nich im Koppe hat, muß man in 'n Beinen haben
auf Kost und Logis arbeiten
etwas in der Mache haben
von nischt kommt nischt
das geht wie nischte
ein Pferd, das gutt zieht, muß noch mehr ziehn
ran an den Speck!

(leicht) betrunken sein

Absacker
abgesackt
angedudelt
angehackt
angekeilt
angekichert
angekrescht
angesäuselt
bedeuselt
bedudelt
beduselt
belappert
bekniepelt
beknietscht
bekrehlt
bekreischt
bekrescht
belatschert
benabelt
benebelt
benippelt
benuckelt
bepichelt
bepietscht
bepitscht
beplempert
bequietscht
besäuselt
beschickert
beschlickert
beschmirgelt
beschmort
beschwiemelt
beseift
bestöbert
besuppt
betettert
betischbert
betitschert
betütert
betuttelt
dun(e)
eingedräht
eingeseift
eingetunkt
(schief) geladen haben
einen gezwitschert haben
knieprig
knüllevoll
einen gekübelt haben
schicker(t)
Schnapsdrossel
schnapseln
schnäpseln
Sifflig
einen sitzen haben
Süffel
Sumpfhuhn
verhagelt
verkaschelt
verkatert
verschmielt
verseift
voll sein
sich zurichten

blau wie ein Veilchen
eine Hacke weghaben
übers Klümpel getrunken haben
eine Krehle weghaben
eine Krohe im Steppel haben
einen in der Krone haben

einen auf die Lampe gegossen haben
wie die Löcher gesoffen haben
sich die Nase betunkt haben
wie'n Pferd gesoffen haben
ganz quere laufen
eine besoffene Sackstrippe
einen Schlag weghaben
einen Stöbrich haben
einen Stich haben
voll wie 'ne Strandhaubitze
einen ganz schönen im Tee haben
besoffen wie 'ne Timpelkröte
einen guten Zug haben

Drohungen

dir werd' ich's anstreichen!
kommste nich bale!
dir werd' ich Beine machen!
Rache is Bluttwurscht!
ich ramm dich ungespitzt in 'n Boden!
ich sag's meinem großen Bruder, der schmeißt dich mit Pampe!
ich bring dich um die Ecke!
friß Vogel oder stirb!
komm mir nur nich ins Gehege!
ich zeig dir, was 'ne Harke is!
mach kein Heckmeck!
dir werd ich helfen!
dir werd ich heimleuchten!
hau ab oder ich jag dich, daß de die Schuhe verlierst!
gratsch mer nich ans Jackettel!
wenn de nich gleich die Klappe hältst . . . !
ich schmeiß dich an die Wand und kratz dich ab!
ich pack dich am Krawattel!
komm mir bloß nich so!
mein lieber Krokoschinski!
ich wer' dir luften!
du kriegst gleich eins mit der Mangelkulle
gleich raucht's!
ich wer' dir den Marsch blasen!
dir wer' ich Mores lehren!
dich wer' ich nach der Morgenluft richten!
ein Pfiff, und du bist umzingelt!
geh mir aus 'm Wege, sonst mach ich Plimpelwurscht aus dir!
ich sack dich ein wie 'n nassen Hund!
dich steck ich dreimal in a Sack!
du kriegst Schnicke, daß de in kein' Sarg mehr paßt!
mach keine Sperrenzel!
entweder du schlägst ein schärferes Tempo an /
oder du verziehst dich!
ich verscherbel dich für 'n Korb Äppel!
paß auf, gleich verwams ich dich!
warte, warte!
na wart ocke!
keine Widerparte!
morgen is Zahltag!

dumm sein

behämmert
bekloppt
beschettert
bleede
dusslig
gakig
gamlich
gamlig
ramdösig
tamisch
teppert
timplich
tolkig
tölpisch
treudoof
triebetimplich
tumm
vernalt

Bleedling
Bleedmann
Bleo
Blödrian
Dämel
Dämelsack
Damian
Dämlak
Dummbatz
Dummerjahn
Dussel
Dusseltier
Gake
Kalb Moses
Tepperter
Timpel
Timpelfritze
Timpelkarpe
Timpelkrähe
Timpelkröte
Triebetimpler
Tummbatz
Tummerjahn
Tummlack

dich hamm se wohl mit der Badewanne ausgeschütt'
wie die Bählämmer dastehn
der versteht immer nur Bahnhof
du gehst wohl in die Baume
vom Tuten und Blasen keine Ahnung haben
bei dir fällt der Böhm langsam
tumm wie Bohnenstroh
'n Brett vorm Schädel haben
du bist wohl mit dem Dämelsack geschlagen worden
der tut, als wenn er nich auf dreie zählen könnt
aus Dummsdorf sein
noch Eierschalen hingern Ohren haben
der tut, wie wenn 's Gehirne nich zulangte
harte verstehn
schwer von Kapee sein
kariert reden
Grütze im Koppe haben

die Weisheit nich mit Löffeln gefressen haben
hingerm Monde zu Hause sein
wie der Ochse vorm Scheuntor stehn
hingern Ohren noch nich trocken sein
Prügel verdienen
ein Radel im Koppe haben
wie tulpe tun
tumm kannste sein, aber Rat mußte dir wissen
tumm wie die Sünde
tumm geboren, nischt dazugelernt
wenn Tummheit weh täte, müßtest du Tag und Nacht schrein
tummdusslig sein
wenn der Tumme zum wingsta so viel Verstand hätte, /
daß er und er sich nich einbild't, klug zu sein
aus Tummsdorf sein
du bist ja tümmer als lang
tümmer als die Polizei erlaubt
sich verglasen lassen
nich von weit her sein

das ist egal

das is kein Beinbruch
das kannste halten wie 'n Dachdecker
das schert mich 'n Dreck
scheiß der Hund ins Feuerzeug!
du kannst mich fünfern
gefällt dir's, is gutt, wenn nich, macht's och nischte
gehuppt wie gesprungen
von mir aus kannste Koppstand machen und mit 'm Asche /
Fliegen fangen
du wirst dir keine Heirat verschlagen
das is Jacke wie Hose, Strumpf wie Niederschuh
man wird dir nich gleich den Kopp abreißen
das macht der Liebe kein Kind
in der Nacht sind alle Kühe schwarz
das kannste halten wie der Pfarrer Nolte, der machte wie /
er's wollte
pfeif drauf!
pfeif egal!
piepe!
pipojenno!
plomps drauf!
der eine is ein Taler wert, der andre dreißig Böhme
schißkojenno!
schißlameng!
schnuppe!
schnurz piepe!
dann nicht, liebe Tante, heiratste 'n Onkel, /
seid ihr auch Verwandte!

essen

abfuttern
abklauben
anfuttern
anwampen
assa
auffahren
aufladen
aufpäppeln
eintrichtern
einmagnieren
einwampen
flappsen
futtern
gabelfrühstücken
gatschen
genudelt
getrommelt
gnatschen
hamm(a)-hamm(a) machen
hammen
hineindreschen
hineinfroppen
katschen
knatschen
knusen
konditern
kroß
leckerfetzig
mäckseln
mampfen
mästen
muffeln
mummeln
nudeln
nudelsatt
proppevoll
quietschgrün
rei(n)hauen
reinspachteln
reinstoppen
reinwampen
sabbeln
schlampampen
schlampampern
schmaddern
schmatzen
schmoddern
schnurpsen
schweinevespern
spachteln
stippen
stockern
stoppen
stoppevoll
umschlagen
ungefrühstückt
ungegessen
ungeneußig
titschen
verbrinkeln
verdrücken
verklunscht
verkostieren
verputzen
verschnabulieren
verspachteln
sich vollflappsen
vollgedrämmelt
vollgerammelt
vollgetrommelt
sich vollhauen
sich vollpampen
sich vollpampsen
sich vollpfropfen
sich vollsäckeln
sich vollsacken
sich vollschlagen
sich vollstopfen
sich vollwampen
wampen

wampsen
wegspachteln
wolgern
womsen
würgsen
zerkatschen

Aperna
Apernapappe
Äppel
Backobst
Backpflaume
Bähschnitte
Bäudelveilchen
Blaukraut
Braunkappe
Braunkohl
Brinkel
Brinza
Brühfleisch
Brühkartoffeln
gutte Butter
Buttermilchklößel
Buttermilchspeise
Buttermilchsuppe
Dämpfkraut
Eihäckerle
Eiklar
Eierschwamm
Einbrenne
Eingemachtes
Eisbein
Farin
Fettlebe
Fettschnitte
Flapps
Flaumamootsch
Fleischbrotel
Fressante
Füllsel
Futteralien
Gabelfrühstück
Gackelei

Gallert(e)
Gal(l)uschel
Ge-esse
Gegesse
Gegräupe
Gehacktes
Gelbei
Gelinge
Gelistel
Gelüstel
Geschlinge
Geschlingsel
Geschnärre
Geschnerre
Gestrinke
Gewiegtes
Gewürzel
Graupenwurscht
Griebe
Griewe
Grünzeug
Guttschmecke
Hackepeter
Hasenbrot
Häutel
Heetel
Heringshäckerle
Herrenpilz
Jauer'sche Würstel
Kälberzähne
Kaldaunen
Kantel
Kappes
Karfiol
Kartoffelkitt
Kartoffelpampe
Kartoffelstampe
Kartoffelsturz
Katschefleisch
Kesselbrühe
Kesselfleisch
Kesselsuppe
Kielbasse

Kirbs
Kließla
Klimpelsuppe
Klunsche
Knoblich
Knoblichwurscht
Knofel
Knolle
Knotteltunke
Kreesche
Kreische
Kreischkartoffeln
Krentunke
Kriechel
Kristel
Krummbeere
Krupnick
Kuhkäse
Kutteln
Liegnitzer Gurken
Liegnitzer Sauerkraut
Lungenhaschee
Mäcksel
Mairan
Markklößel
Maulsperre
Mehlsuppe
Milchener
Militscher Karpen
Mostrich
Neugericht
Obernigker Spargel
Oberrüben
Päuschel
Pelle
Pelz
Plimpelwurscht
Plunze
Polnische (Wurscht)
Polsche Tunke
Preßkopp
Pulsche
Putter
Puttermilchplotz
Putterschnitte
Quärgel
Quarkkließla
Quetschkartoffeln
Ramftel
Ränftel
Räucherzunge
Rinken Wurscht
Rogener
Roocherharing
Rosinka
Rotkappe
Rührkartoffeln
Rumpen Brot
Salatheetel
Schalkartoffeln
Schlachtschüssel
Schlesische
Schlesisches Himmelreich
Schlickermilch
Schlippermilch
Schlitzgen
Schmand
Schmootsch
Schnittlich
Schucklade
Schwamm
Schwärtelbraten
Schweinernes
Schweinevesper
Sechsersemmel
Selbsteingemachtes
Seller
Setzei
Speckhäckerle
Spugatebändel
Stampfkartoffeln
Steckrüben
Stickel
Stinkadores
Stippmilch
Streifel

Strinkel
Stürze
Suppengrün
Uckel
Wampedrücker
Wampekitt
Warme
Wassersemmel
Wassersuppe
Weechquark
Weihnachtstunke
Weißei
Wellfleisch
Wellwurscht
Welschkraut
Wolfshunger
Wurschtepelle
Wurschtbrühe
Wurschtfüllsel
Wurschtsuppe
Wurzelzeug
Zehndl
Zeller
Zieps
Zubeiße

Kuchen und Süßigkeiten

Abgerührte
Babe
Bienkorb
Bomsel
Cremehütel
Eckel
Fafferkuchen
Fünfpfennigstückel
Gutsla
Guttel
Guttisel
Hobelspäne
Kameruner
Käseklatschen
Katscher
Klitschekuchen
Klunschekuchen
Kol(l)atschen
Kräppel
Kuchenbrinkel
Kuchenrändel
Kuchenränftel
Liebesknochen
Liegnitzer Bombe
Lutschbombom
Lutscher
Martinihörndel
Mehlweiße(l)
Milchbrotel
Mohbabe
Mohkatschel
Mohklößel
Mohstrietzel
Mohstrudel
Napoleonschnitte
Neisser Konfekt
Pfefferminzel
Plätzel
Powidelkuchen
Prasselkuchen
Rührbabe
Schaumbrezel
Schusterriemen
Splitterkuchen
Spritzkuchen
Streußelkuchen
Striezel
Süßte
Topfkuchen
Totte
Wabbelpudding
Zöpfel

Zopfstriezel
Zuckerlecke
Zuckerfischel
Zuckerzeug

zum Kuchen gehört ein *Kaffee*,
auch wenn es nicht immer
Mokka effti ist
sondern nur:
Bliemchenkaffee

Briehe
Körndelkaffee
Lure
Lurre
Muckefuck
Plempe
Plurre
Schlorre
Schusterpunsch
Schüttbodenmokka
Spitzbohnenmokka

das war flüssige Nahrung:

Erbonkel
freundliches Helles
Jungbier
Kroatzbeere
Schöps

Stonsdorfer
Striegauer Weiße
Urian
a gutts Weindl (aus Grünberg?)

Gebrauchsgegenstände

Bräte
Bunzeltippel
Bunzeltopp
Butterstampe
Eisertopp
Eschel
Finkenäppel
Fliegenplatsche
Gänsebräte
Henkeltöppel
Hintragebrett
Kasserol
Katzentisch
Klapperdeckel
Krauttonne
Krause
Kriegel
Krucke
Kuffe
Kullerholz
Mohmahle
Näppel
Nudelkulle
Ofenröhr
Plätsche
Putterplätsche
Röhr
Röhrdel
Schnauztippel
Schneesieber
Seihtuch
Teigwulger
Tiegel
Tille
Tippel
Topp
Tupp
Wolger

Amtla bringt Wampla
assa kumma
ma soll nich mehr assa, als was ma mit Gewalt runterkriegt
Assa und Trinka hält Leib und Seele zusamm'
die Augen war'n wieder größer wie der Magen
da gucken mehr Augen rein wie raus
auf beide Backen kauen
den Bauch vollsacken
fressen wie die Biber
Butter und Quark, das macht stark, /
Quark alleene macht krumme Beene
eß auf, daß schön Wetter wird!
eß ock noch a Fiedel!
selber essen macht fett
vor dem Essen hängt man 's Maul, /
und nach dem Essen is man faul
wie zum Essen so zur Arbeit
Essen und Trinken hält Leib und Seele zusamm', /
besser als ein eisern Band
das Essen hat ein' Stich
auf den Felgen kauen

Fettlebe machen
wie'n Flaumpauer essen
du wirscht nich gleich vom Fleische fallen
sich eine tüchtige Fuhre aufladen
zum Futterschütten sind die Kinder immer da
was haste wieder für'n Ge-asse (Ge-esse, Gegesse)
genudelt voll sein
greift tüchtig zu und laßt's euch schmecken
lieber gutt gelebt und dafür länger
a gutt's Schweindel frißt alles
Guttschmecke bringt Bettelsäcke
was weg is, frißt der Hund nich mehr
aßt ock, aßt ock, ich will ja gerne hungern, /
wenn 's euch nur schmeckt
der Hunger treibt's rein
am Hungertuch nagen
da wird noch ein Hungriges kommen
wer lange ißt, lebt lange
wie man ißt, so arbeit't man
dir ißt's ja keiner weg
knüllevoll gegessen sein
knüppelvoll gegessen sein
Kohldampf haben, daß einem die Seele aus der Kniekehle pfeift
Kohldampf schieben
leckste Fett, die Putter is teuer
wie die Made im Speck leben
gutt geschmeckt, Maul beleckt
da läuft einem das Wasser im Munde zusammen
fressen bis das Zeug zu die Ohren rauskommt
pampst euch nich so voll, es gibt noch was Guttes
was der Pauer nich kennt, das frißt er nich
eßt ock Quark, der kiehlt – ich eß Putter, /
und wenn ich verbrenne
essen wie 'n Scheundrescher
es schmeckt schön
wohl dem, dem's schmeckt und er hat was
wie'n Spechtel essen
Suppe macht Wampe, Wampe macht Ansehen, Ansehen bringt
Kredit
das Kind kann wieder sein'n Teller nich streiten
da kann man sich tumm und dämlich essen
ursch nich so mit der Putter!
ein Vielfraß wird nich geboren sondern erzogen

sich die Wampe füllen
sich die Wampe vollhauen
das is nur für'n hohlen Zahn
a Zehndl Knoblich
sich die Ziche vollhaun
einen Zieps haben auf . . .
wer zinnt an der Schüssel, dem schadet's im Rüssel

Geld

blechen
verbumfideln
verbuttern
verklitschen
versilbern
versumsen
verurschen
zusammenkratzen
zusammenläppern
zusammenstoppeln
zusammenschustern

Böhm
Dreier
Fuffziger
Fümfer
Gräten
Gröschel
Heller
Kies
Kreuzer
Kröten

Läpperschulden
Patengröschel
Pennunse
roter Pfennig
Piepen
Pinnunse
Pinke
Portjuchhe
Schweinegeld
Schinscherling
Sechser
Titscher
Tschätscher
Tschätscherle
Tschintscherling
Watschker
Zaster
Zatscher
Zehrpfennig
Zochen
Zwepper
sieben Zwetschgen

hier haste zwei Böhm, aber besauf dich nich
das läuft ganz schön ins Geld
der wird mit seinem Geld schon fertig wern
Geld, was rumliegt, is meine
wenn's ums Geld geht, ist der zähe
der is aufs Geld wie der Teufel auf die arme Seele
der geht aufs Geld und nich auf die Larve
gib dort keen Geld aus für das, /
was de zuhause für umsonst haben kannst
der kriegt mehr für umsonst wie andre fürs Geld
am glücklichsten sind die, /
die entweder alles oder gar nischt haben
seine Gräten reinschustern
das is ganz schön happig
hätt bersch nich, da tätt bersch nich
alles auf Heller und Pfennig zurückzahlen
keine Henne schirrt umsonst

nur auf Kies gehn
das kostet 'ne ganze Stange
nur ein paar Kröten haben
seine Kröten zusammenhalten
der kann seine Kröten in 'n Schornstein schreiben
wegen der paar Kröten mußte den ganzen Tag /
auf der Fresse liegen
das läppert sich zusamm'
der nimmt's vom Lebendigen, weil er's vom Toten
nich mehr kriegt
da kommt ein Löffel zum andern
am Ersten is Mariahilf
jetzt is Mattheus am letzten
gepfefferte Preise
gesalzene Preise
der hat kein' roten Pfennig nich
der hat mehr Schulden als Haare auf 'm Koppe
ein Schweinegeld haben
das kost' ein' schönen Taler Geld
willste wissen, was 'n Taler wert is, borg' der een
jemandem auf der Tasche sitzen
wo Tauba sein, da fliega Tauba zu
halt deine Tschintscherlinge zusamm'
der verdoktert sein ganzes Geld
seine Gräten versumsen
na, die hat doch ganz schön was zuzusetzen

Kleidung

anhosen
anklunkern
anpimpeln
anpolkern
anpopeln
anwozen
aufgedonnert
aufgetakelt
geblümelt
geschlumpert
gesprenkelt
gottern
einmummeln
einpopeln
einpummeln
einpuppen
schlumpert
uffgetakelt
verfrumst
verhudelt
vernafftelt
zerlumpt
zerschloddert
zerwurschtelt
zusammengefrumst

Angeziehe
Angströhre
Babuschen
Bombe
Botten
Cowako
Deckel
Fähnchen
Fäustel
Fettdeckel
Filzpootschen
Fummel
Gattiche
Gesenkel
Gondeln
Haderlok
Handgelenker
Handschker
Hittel
Hochwasserhosen
Hosenkascher
Jimmischuhe
Juppe
Kaffeebrenner
Kalabreser
Kamaschen
Kamisol
Käppel
Käsegondeln
Käsequanten
Kiepe
Kiffe
Klapperlaatschen
Klarschen
Klaschen
Klaustern
Kledasche
Kließlaheber
Klofft
Kluft
Klunkern
Konfirmandenanzug
Konfirmandenhittel
Kopottel
Kragenschoner
Kräusel
Krawattel
Kreissäge
Krimmer-Muff
Kutte
Laatschen
Laberlätzel
Langschäfta
Latschkern

Lederwetzker
Leibchen
Mädikappe
Mäschel
Oderkähne
Ofenröhrdl (Hosen)
Pampuschen
Papuschen
Paspel
Pfingstochse
Platschen
Plente
Pluderhose
Po-Mitze
Pootschen
Potschken
Pudel
Puschen
Quadratlaatschen
Schakettel
Schaul
Schaultuch
Schepel
Schemisettel
Schila-Mitze
Schinkensäckel
Schlappen
Schleicher
Schlorfen
Schlorren
Schlurfen
Schlurken
Schößel
Schuhbändel
Schürzebändel
Schwenker
Skatel
Speckdeckel
Spenzer
Strimpe
Strippe
Strohkiepe
Strump
Stulpe
Stulpenknöppe
Stützel
Tichel
Tracht
Überschuhe
Wampasperre
Wamperiemen
Windschutzjacke
Würger
Zippelmitze
Zippeln
Zwiebelröhrdel (Hosen)

sich barbsig machen
das beißt sich
die sieht ja beschissen aus
bongforzionös angezogen sein
die sieht wie aus dem Ei gepellt aus
gefressen aussehen
wie 'ne Gehangne rumlaufen
wie'n Gehängter aussehen
wie geleckt aussehen
„geliebt" aussehn
genäschig angezogen sein
geschniegelt und gebiegelt
gestriegelt und gebiegelt
gutt angezogen sein

das gutte Kleidel
der Muttel ihre Bluse
hat dich die Mutti aber fein gemacht – der Vati hat geholfen
rot und grün stieht Narren schien
oben hui und unten pfui
Hosen wie Ofenröhrdel
sich wie 'n Pfingstochse putzen
das prügelt sich ja
sich in Schale halten
sich in Schale werfen
die Hose schlackert
schmuckfuffzehn angezogen
schnieke angezogen
schniepel de bon angezogen
Staat machen
mach 's Türla zu!
dem Vatel sein Schakettel
verhunz dich nich asu!
lieber im Winter ein Popel als im Sommer ein Kriepel
Hosen wie Zwiebelröhrdel

Körper und Gebrechen

abgeklappert
aufgeratscht
aufgeschunden
barbs
barbsbeenig
barbsig
berotzt
blatternsteppich
blatternstepplich
borbsig
fasernackt
hapsen
hecheln
herumpimpeln
hochschnaupen
japsen
jauchen
kächzen
käcksen
kilstern
klapperdürr
koddrich
kregel
kuzen
lahmern
marode
mauschel
nackicht
nackig
niedabeenig
nieslig
piepeln
pieserig
pimpeln
plieräugig
plieren
plinkern
plinseln
rotzeln
schiegeln
schnapprüsslig
schnaupen
schniefen
schöppen
schwären
spillbeinig
spillrig
spirglich
stockblind
übertreten
verhudelt
verkältet
verkiehlt
verkudelt
verrenkert
verschnuppt
verschunden
verstrubbelt
verwichselt
verwurschtelt
verziepst
verzulkert
wehtunig
zerwurschtelt
zerzulkert
zinnen

Abweichen
Aderbein
Ast
Augenborschte
Augenbraun
Augenhaar
Auszehrung
Auwehchen
Backe, das
Bauchgrimmen
Bauchkneipen
Beißerle
Bernickel

Birne
Blähhals
Blattern
Borschten
böser Finger
böser Fuß
Brummschädel
Däumlich
Dätz
Deetz
Dickbein
Dipps
Dreiersemmel
Drommel
Dünnschiß
Dupp
Duppa
Dupps
Durchmarsch
Durchpfiff
Dürrbeendel
Dürrspecht
Eiszappen
Feuermal
Fiesasche
Fingerkniebel
Finnen
Fisse
Fissel
Flappe
Floppe
Flosse
Flunsch
Frasse
fünfzackiger Kamm
Gefräß
Gehirnkastel
Gekäke
Gekilster
Gekuze
Genack
Gerippe
Geschniefe

Giebs
Gigs
Gimpel
Girgel
Girke
Glotzen
Glubschaugen
Goschel
Gracheln
Grageln
Grapscher
Greigeln
Grießkorn
Grind
Guckelichter
Gurgelknoten
Gurke
Gusche
Hacker
Hacksen
Haken
Häkerle
Hauer
Hinketatsch
Hinketotsch
Hinterhacksen
Hinterviertel
Hitzeblattern
Höcker
Höckernase
Hopfenstange
Hühnerwurzel
Imbern
Impfern
Kackstelzen
Karpenschnute
Käsequanten
Katzenaugen
Kauze
Kehlbraten
Kerks
Kicks
Kieks

Klabatschke
Klacken
Klappe
Kleiderständer
Kniebel
Knoche
Knötel
Knubbel
Knulps
Krächze
Kragen
Krähenfisse
Krautstamper
Krawattel
Krinne
Kripps
Kropp
Kruschelkopp
Kuddeln
Kulpe
Kuz(e)
Lafuchtel
Lappe
Larve
Laufen
Läusekaschel
Lebersprenkel
Lecker
Leibschneiden
langes Leiden
Lichtel
Loppe
Lötkolben
Luch
Lungensucht
Mauken
Mauerkellen
Mäuseschwänze
Mäusezahn
Milchbart
Mondgesicht
Mondschein
Mopsgusche
Mozartzopp
Muppe
Murre
Musikknochen
Nasenfahrrad
Nasepäpel
Nasepopel
Neidnagel
Nest
Niepel
Nilpe
Nipel
Nischel
Nulpe
Olympiarolle
großer Onkel
Patsche(l)
Patschhand(el)
Patschkerle
Pferdegebiß
Piepel
Pimmel
Platschen
Platschkopp
Platte
Plautze
Plauze
Pokrinne
Pootsche
Pranke
Pratze
Prille
Puckel
Puste
Quadratlatschen
Quadratschädel
Quanten
Rattenschwänzel
Reißmichtichtig
Riebe
Riecher
Riechkolben
Riechzinken

Riemen
Riesenpatsche
Rippentriller
Rotfuchs
Rotzlichtel
Rums
Rumps
Runseln
Rüssel
Sabber
Sabelbeine
Schadel
Schädelbrummen
Schiegeleisen
Schieleisen
Schippe
Schiprine
Schlägel
Schlafittel
Schluckser
Schmerbauch
Schmiele
Schnabel
Schnappe
Schnapper
Schnapprüssel
schnelle Welle
Schniepel
Schnorchel
Schnuppe
Schnuppen
Schnurrer
Schrumpel
Schrund
Schuprine
Schwager
Schwör
Schweißmauken
Sechsersemmel
Seeche
Segelfliegerohren
Semmelkopp
Senfmuppe

Spazierstöckel
Speckwampe
Spekuliereisen
Sperlingsbeene
Spirrlefitz
Sprenkel
Sprinkel
Stamper
Staupe
Steckelbeine
Steinlunge
Stelzen
Steppel
Steppelweh
Sterglich
Stinkabeene
Stockzahn
Stoppelkopp
Strahn
Strohkopp
abgebrochner Stutzen
Tatsche
Tatschke
Tatzel
Titte
Tootsche
Trommel
Tulpe
Umlauf
Veigelaugen
Vorderzahn
Wampe
Wampedrücken
Wamperumoren
Wampezwicken
Wampla
Wamst
Wechsel
Wehwehchen
Weichquarkgesicht
Weichselzopp
Wernickel
Wichselzopp

Wickel
Wompe
Wulgern
Wurschtelfinger
Zahnreißen
Zaunlatte
Zausteln
Zehe, die
Ziegenpeter
Ziehung haben
Ziepsen
Zifferblatt
Zigeunerhaare
Zinken
Zippel
Zöppe
Zotteln
Zulkern
Zusselkopp
Zutteln
Zweistöckiger

die hat ein Arsch wie 'n Achtzigtalerpferd, wie 'n Kipkegaul
nach Atem schoppen
ein zunes Auge
Augen wie auf der Knopfgabel geputzt
mit dem linken Auge in die rechte Hosentasche gucken
Augen wie 'n abgestochnes Kalb
mit den Augen klimpern
sperr die Augen auf!
sich die Augen derbellen
sich die Augen aus dem Koppe stiern
Augen wie'n Schellfisch auf 'm Trocknen
Tomaten auf'n Augen haben
auseinandergehn wie 'n Pfannkuchen
ausgeschissen aussehn
zum Anbeißen aussehn
wie aus 'm Ei gepellt aussehn
wie geleckt aussehn
barbs bis zum Halse
Beene wie Wasserkannen
über sieben Beete scheißen
Bernickel, Bernickel, stoß dich mit 'm Bettzippel!
beschissen aussehn
der blut't wie 'n Schwein
wie Braunbier und Spucke aussehn
der kann aus der Dachrinne saufen
um die Ecke sehn
der hat sich die Hosen eigepfaffert
die hat's eilig
mir is schon ganz elendiglich
der hat aber eingelegt
die Engel singen (pfeifen) hörn

kaum noch die Beine derschleppen können
wie Espenlaub zittern
auf der Felge kauen
sitz nich so krumm wie'n Fidelbogen!
Fisse wie Oderkähne
wenn der sich im Friehjahr die Fisse erkält', /
kriegt er erscht im Herbst Schnuppen
zum Fressen schön
erschöpft bis zum geht nich mehr
der hat sich wieder ganz schön gerappelt
ein Gesicht wie 'n Feuermelder
ein Gesicht wie 'n Tippel Mehlsuppe
er is ihm wie aus 'm Gesicht geschnitten
Glotzen so groß wie Flugrädel
reib dir die Bratkartoffeln aus 'n Glotzen
ein schmales Handtuch
harte hören
harte sehen
fliegende Hitze haben
einen Hühnerplinz haben
der is so lang wie der Tag um Johanni
wie 'ne gebad'te Katze aussehn
Kaffermänndel machen
Kauermänndel machen
dem kommt die Kniescheibe durch
heile Knochen haben
der hat auf 'm Waschbrettel Koppstand gemacht
Knurrbäuchel haben
der is so lang, wenn der a paarmal hinschlägt, /
is a drinne ei der Stadt
wie 's Leiden Christi aussehn
der hat seine Lichtel angezündet
die Löffel aufsperren
die Löffel auf Durchzug halten
ganz matsch sein
ein deutsches Maul haben
ein großes Maul haben
ein Mensch ohne Kopp is zeitlebens ein Krüppel
mir is ganz schön mieserig
einen breiten Mittelscheitel haben
der könnt ich mit 'm Nackten ins Gesicht springen
Nacktkultur auf höchster Ebene
den Niepel detschen

nunderzu gewachsen sein
auf 'n Ohren sitzen
Ohren wie Topphenkel
über 'n großen Onkel laatschen
der hat's auf der Plauze
auf der Plauze liegen
plieräugig sein
fahr nich nach Pöpelwitz!
einen Quadratschädel haben
eine Quadratschnauze haben
ein abgehackter Riese
bei dem rieselt der Kalk
ärger dich nich, das schad't der Gesundheit!
der treibt mit seiner Gesundheit Schindluder
dir hammse wohl mit der Sense die Haare geschnitten
der geht ganz dem Vater nach
dem kann man das Vaterunser durch die Backen (Rippen) blasen
eine Wampe machen
der wird immer weniger
wie 'n Wiederhupp stinken
der hat 'nen falschen Willem
die is gutt übern Winter gekommen
der wird wieder
der Zahn muckt
der Zahn wackelt wie 'm Hunde der Schwanz
der hat Zähne wie Sterne
der hat heute Ziehung
in sich zusammenkriechen
die hat nich viel zuzusetzen

laufen

abdampfen
abfetzen
abhauen
abjächen
abjechen
abschacken
abschieben
abwetzen
aneisen
angestiefelt kommen
anjächen
anjechen
anpreschen
anschacken
anschappern
anschlumpern
anwetzen
atzen
auswutschen
dervonmachen
deusen
deussen
ein- und ausfärzeln
eisen
färzeln
sich federn
fegen
ferzeln
fetzen
fitzen
förzeln
fortpreschen
fortwetzen
grageln
haatschen
haatscheln
heimgrageln
heimjechen
heimjuckeln
heimklunkern
heimlaatschen
herauswutschen
herum . . . s. rum . . .
hin- und herkleckern
hin- und herklunkern
hin- und herquengeln
hin- und herscharwenzeln
hinauswutschen
hineisen
hinmachen
hinterdreinklunkern
hinterdreinlaatschen
hinterdreinkotteln
hinterdreinstiefeln
hochlaatschen
jächen
jechen
jockeln
keuchen
klarschen
kotteln
krauchen
laatschen
lahmern
langkrebsen
langlaatschen
langmachen
langschinschern
langwetzen
loofen
losschacken
neipreschen
nufflaatschen
päsen
pesen
pinschern
plootschen
präschen
preschen
purzeln

rausferzeln
rauswetzen
reiferzeln
reifutschen
reihaatschen
reisterzen
reizumpeln
rumalbern
rumäschern
rumfärzeln
rumferzeln
rumfitzen
rumforzeln
rumgameln
rumgrageln
rumgurksen
rumhampeln
rumjechen
rumjuchteln
rumjuckeln
rumkalfaktern
rumklunkern
rumlaatschen
rumorbern
rumpechten
rumpesen
rumpreschen
rumschappern
rumscharmitzeln
rumscharwenzeln
rumschlawenzeln
rumschlumpern
rumschwänzeln
rumstrolchen
rumstromern
rumstrunzen
rumtapern
rumvagabundieren
rumwetzen
rumwitschen
rumwuschpern
rumzigeunern
rumzockeln
rumzuckeln
schacken
schampern
schapern
schappern
scharwenzeln
schassen
scherwenzeln
sich schicken
schinschern
schlenkern
schlorfen
schlorken
schlorksen
schlumpern
schlurfen
schwänzeln
söckeln
stabelieren
stabeln
stäbeln
staken
stapsen
stelzen
stiefeln
strabanzen
stromern
strunzen
tapern
tappeln
tappern
tapsen
tigern
tippeln
trampeln
trappen
trappsen
trempeln
turkeln
türmen
uckeln
verduften
sich verdünnisieren

sich verkrümeln
sich verzeppen
sich verzwiebeln
sich verzwirnen
sich verzwullern
vorlaatschen
wegatzen
wegschacken
wegwutschen
wieseln
wotzen
wutschkern
wutzeln
zockeln
zolkern
zompeln
zotteln
zuckeln
zumpeln
zutteln

böser Fuß
Dickbein
Dürrbeendel
Fisse
Gefärzel

Gegragel
Gehaatsche
Geloofe
Geplootsche
Gepresche
Geschacke
Geschlorkse
Gezuckel
Grageln
Greigeln
Hinketatsch
Hinketotsch
Hinterhackse
Kackstelzen
Krautstamper
Rumge-eise
Rumgefärzel
Rumgekrauche
Rumgelaatsche
Rumgetanze
Rumgewetze
Rumgezuckel
Schweinsgalopp
Spazierstöckel
Stamper
Stelzen

mit einem Affenzahn laufen
angefegt kommen
angekleckert kommen
angekrochen kommen
angesackt kommen
angeschissen kommen
barbsig laufen
was haste denn wieder für 'n Gefärzel (Geferzel)
sich die Hacksen abrennen
hau ab!
per Henkel(topp) gehn
ei de Kähne gehn
dahin gehn, wohin der Kaiser auch zu Fuße geht
wie 'n Besenbinder laufen
wie 'n Bürschtenbinder laufen
wie auf Eiern laufen

haste was kannste laufen
laufen, daß die Socken qualmen
übern großen Onkel laatschen
seitwärts gehn
wie 'n Storch im Salate gehn
wie von der Tarantel gestochen laufen
verzieh dich!
verzwiebel dich!
verzwirn dich!
ums Viertel gehn
zu Hause gehn

Liebe

abguscheln
abknutschen
abkusseln
abwürgen
anbändeln
aufhängen
bezirzen
busseln
dergeln
dolgern
sich einschmusen
guscheln
hätscheln
herumkramern
herzelgutt
hinkuscheln
huzeln
kaschbern
kaschpern
knuddeln
knudeln
knutschen
eine(n) kriegen
kusseln
männertälsch
rauschig
schmatzen
schmoren
schmusen
schnackig
tätscheln
umärmeln
umgitscheln
umhalsen
verhätscheln
verknallt sein
wärgeln
weibertälsch
zerdergeln
zusammengehn

Ableger
Bratkartoffelverhältnis
Brummsummsel
Bussel
Familiendroschke
Flamme
Freite
Gekaschper
Geknutsche
Geschmuse
Gesponst
Guschel
Hatzebliemel
Herzele
Herzerle
Herzepinkel
Herzenspinkel
Herzepünkerle
Hochzig
Honigwoche
Huxt
Juchheewochen
knackiger Käfer
neckischer Käfer
Kindsnöte
Knuddelpuppe
Knutschfleck
Kränzelabend
Kränzeljungfer
Kränzelschwester
Kuschper
Kussel
Läuseschwänzel
Männdel
Meine
Meiner
Muckerle
Mutzel
Pupperle
Pussage

Pussierstengel
Rumsumsel
Schampster
Schamstrich
Schätzerle
Schmatz
Schmotz
Schmusepeter
Schmuser
Schnackerle
Schnuckerle
Schürzenhengst
Schwarm
Seine
Seiner
Summsel
tälscher Bock
Techtelmechtel
Verdrang haben
Zuckerguschel

sie is nich alleene
der hätte früher aufstehn müssen, /
wenn er hätt' die kriegen wolln
der macht Augen wie 'n verliebter Kater
sie schickt die Augen bei allen Männern zu Markte
aussehen wie zum Anbeißen
aussehn wie aus 'm Ei gepellt
zum Fressen schön aussehn
wie geleckt aussehn
die hat ihn am Bändel
der wird schnell der Bauch wehtun
die möcht gern ein' Bettwärmer haben
er betut sich sehr um sie
der hat ein Bratkartoffelverhältnis
dicke Tunke sein
Eener alleene is nich scheene, /
aber Eener und Eene und dann alleene, /
das is scheene
wer nischt erheirat't und nischt ererbt, /
der bleibt a arm's Luder, bis er sterbt
wenn se den kriegt, kann se sich alle zehn Finger belecken /
und de Nase derzune
der geht auf die Freite
die könnten sich vor Liebe fressen
die hamm' ins Frühbeetel gesät
ihr Gebetbuch paßt nich zusamm'
er geht aufs Geld und nich auf die Larve
Geknutsche machen
die Geschmäcker sind verschieden – und so gehn sie alle weg
miteinander ein Gestecke haben
die hamm' sich gesucht und gefunden
die wolln die Sache ins Gleis bringen

du wirst dir keine Heirat verschlagen
uff de Heirat giehn
mit der ihrer Heirat is Essig
verliebt wie der Ochse ins Heugebündel
Hochzig machen
auf die Liebste hummeln
sie hummelt nach 'm Hosenbein
Huxt machen
vor der Huxt und nach der Huxt, /
das sind zwei verschiedene Zeiten
keene Huxt wird verbracht, /
wo keene andre wird erdacht
zum Huxten gehörn zwei
die zwei sind von der Kanzel gefallen (gepurzelt)
die kaschpern mitnander
bei den' klappt der Laden
sie schmeißen ihr'n Kram zusamm'
mitnander kramern
der kriecht zu einer
die Liebe und der Suff, die reib'n den Menschen uff, /
die Liebe alleene bringt den Menschen uff die Beene
wen die Liebe treibt, dem is kein Weg zu weit
das macht der Liebe kein Kind
der Schnuppen, der Rooch und die Liebe, /
die lassen sich nich verbergen
da kommt ein Löffel zum andern
die machen zusamm' Menkenke
mitnander gehn
wer Myrte baut, / wird keine Braut
bis über die Ohren verschossen sein
eine gutte Pattie machen
sie hat 's Pre(e)
der hat sich gutt reingesetzt und sitzt jetze gutt drinne
die sieht schmuckfuffzehn aus
die sieht schniepel de bon aus
wer will schön sein, muß was ausstehn
die wolln zwei Paar Schuh unters Bett stellen
die sein noch für sich
bei denen spielt sich nichts ab
zwei harte Steine mahln nich gutt
die stimmen zusamm'
da hat der Storch Visite gemacht
die ziehn Strabelkatze mitsamm'

beide ziehn an einem Stricke
Süßholz raspeln
reine tälsch vor Freude sein
wer die Tochter haben will, /
muß der Mutter Pappe ums Maul schmieren
die zwei sind dicke Tunke
allzu sisse Tunke wird merschtens sauer
gib dort keen Geld nich aus für das, /
was de daheeme umasunst haben kannst, kannste
wen die Liebe treibt, dem is kein Weg zu weit
der is auf sie verpicht
die hamm' mit Vorliebe geheirat't
laß dich nich mit Weibern ein, sonst plumpste in die Tinte rein
die sein um se rum wie die Wespen
er zittert uff se

Meinung sagen

angurgeln
anbölkern
anpelfen
anranzen
anschnorcheln
betexen
heimleuchten
heimhelfen

priestern
runterkanzeln
runterkapitteln
vergattern
verkasematuckeln
verkliekern
verposematuckeln

jemandem die Augen aufknöppen
jemandem Bescheid stoßen
ein Brief, der sich gewaschen hat
brinklich werden
etwas auf 's Dach kriegen
jemandem einheizen
elend reden
der hat sein Fett abgekriegt
jemandem Feuer unterm Hintern machen
wer viel fragt, kriegt viel Antwort
dir werd' ich was geigen
ich hätt' bald was gesagt
der hat's gelaust gekriegt
das hab ich ihr gleich gesteckt
sich den Hals wund reden
ich werd' dir zeigen, was 'ne Harke is
dir werd' ich heimleuchten
mit jemandem a Hiehndel rupfen
jemandem etwas husten
jemandem die Kappe waschen
sich jemanden koofen
jemandem den Kopp warmmachen
jemandem den Kopp waschen
den lang' ich mir
dir werd' ich die Leviten lesen
ich werd' dir den Marsch blasen
dir werd' ich Mores lehren
dich werd' ich schon nach der Morgenluft richten
dem reib' ich's unter die Nase wie frisch geriebenen Pfeffer
nu, das is ja meine Rede
jemanden am Schakettel nehmen

der kann sich 'ne Scheibe abschneiden
mit dem werd' ich schlittenfahren
dem geb' ich Bescheid, daß die Schwarte kracht
der werd' ich das schon stecken
jemandem die Wache ansagen
mit jemandem ein Wörtel reden
da hab' ich auch noch ein Wörtel mitzureden

prügeln

abdonnern
abseifen
aufbrennen
aufdonnern
ausblochen
auswalken
bimsen
bläuen
blochen
dengeln
deulen
dremmeln
dreschen
durchdreschen
durchschnicken
durchwalken
durchwampen
durchwichsen
durchwompen
einschmieren
fauzen
flastern
fünfern
Hucke vollhauen
juchteln
kalaschen
kaleschen
keilen
klacken
kleben
kleistern
kloppen
eine knallen
lausen
ledern
pelzen
pflastern
pinseln
rumkeilen
rumschnicken
runterlatschen
runterschmieren
salben
schellen
schellern
scheuern
eine schieben
eine schießen
schlägeln
schnicken
schnitzen
schwalben
schwappen
schwappern
tachteln
tatschen
tengeln
titschen
titschern
eine trillern
überbucken
verbimsen
verbläuen
verblochen
verbretteln
verdatteln
verdeichseln
verdeulen
verdonnern
verdremmeln
verdreschen
vergerben
verkeilen
verkloppen
vermöbeln
verpflastern
verplätten
verpritschen
verreiben
verrommeln

verschmieren
verschnicken
verseifen
versengen
versockeln
versohlen
verstauchen
vertachteln
vertalken
vertengeln
vertobacken
vertrimmen
vertrimmeln
vertrommeln
vertuchteln
verwachteln
verwackeln
verwalken
verwampen
verwampsen
verwamsen
verwichsen
verwuchten
verwuchteln
verwurzeln
verzwiebeln
volldreschen
vollkloppen
vollwalken
wampsen
wamsen
watschen
watschkern
wichsen
wuchteln

wumpern
wumpsen
wurzeln
zerschnicken
zerwachteln

Bimse
Deule
Dresche
Fauze
Fingerschnitze
Fingerkloppe
Handpatscher
Haue
Hiebe
Keile
Kloppe
Koppnuß
Koppschelle
Koppstück
Maulschelle
gelber Onkel
Pitschepatsche
Schelle
Schmiere
Schnicke
Schwappe
Senge
Sente
Tachtel
Tracht
Überbucke
Wichse
Wiederkloppe
Wumpse

was aus der Armenkasse verteilen
das Fell gerben
sein Fett abkriegen
mit dem Fladerwisch hauen
den Frack vollhaun
die Fresse lackieren (polieren)
eins ins Genicke kriegen

eine gewischt kriegen
die Hucke vollhauen
wer nich hören will, muß fühlen
der kann seine Knochen im Schnupptüchel heimtragen
das Leder versohlen
eins auf die Löffel kriegen
jemanden verschnicken, bis daß er Lumpen kotzt
eins mit der Mangelkulle kriegen
eins auf 'n Nischel geben
nach Noten prügeln
eins mit 'm Ochsenziemer abkriegen
den gelben Onkel zu spüren kriegen
ich schnick dich, bis daß de in kein' Sarg mehr paßt
die Wampe tengeln
windelweich haun
Zinsen heimzahlen

reden

anbelfern
anblubbern
anbullern
andonnern
angrunzen
angurgeln
ankeifen
anlabern
anlapsen
anranzen
anpläken
anpulvern
anschnarchen
anschnorcheln
aufmuckschen
ausbaldowern
ausbimmeln
ausnanderklabustern
ausnanderklavieren
auspapern
ausplärren
sich ausquetschen
austratschen
baldowern
belabern
belaatschen
belullen
bollern
brabbeln
brammeln
derzählen
dischkerieren
druckern
drucksen
durchhecheln
einlullen
einsagen
eintrichtern
elend reden
fantern
faseln
frozeln
gapsen
giepsen
grummeln
gurgeln
haspeln
herumeiern
kauderwelschen
kawern
kikelkakeln
klabastern
klabatschkern
klackern
klatschen
klößeln
klugscheißen
klugscheißern
krätschen
la(a)bern
leiern
mäkeln
maulen
meckern
sich muckieren
munkeln
muzen
neireden
nörgeln
nuscheln
palabern
palaren
palatschkern
palawern
palvern
papern
pappeln
pärschen
pärscheln
pauern

petzen
piepsen
pischbern
pischpern
pläken
plappern
plärren
plauschen
priestern
pultern
pulvern
quakeln
quakern
quasseln
quattern
raatschen
radebrechen
rumdrucksen
rummeckern
rumtratschen
sabbeln
sakramentieren
salbadern
salbern
schalastern
schantieren
schikanisieren
schnackern
schnadern
schnattern
schnoken
schwabbeln
schwabbern
schwadern
schwafeln
schwoppen
schwuchten
schwudern
schwuppern
taddeln
texen
tischkerieren
tratschen

tuscheln
vergattern
sich verhaspeln
sich verhaspern
sich verheddern
verheißen
verkasematuckeln
verketzern
verklackern
verklatschen
verklickern
verklingeln
sich verlabern
sich vermaulen
vermelden
sich vermucksen
vernamen
sich verpapern
sich verplappern
verpulschen
sich verschnappen
sich verschnattern
vertratschen
verzählen
wischpern
zischpeln
zischpern
zostern
zupischpern

Derzählung
Dreckschleuder
Faselei
Gegurgel
Gela(a)ber
Gemaule
Gepaper
Gepischper
Geplapper
Gequake
Gequassel
Gesabbere
Gesalbere

Geschnadder
Geschwuder
Geseiche
Gesumse
Getratsche
Klatschbase
Klatsche
Klatschgusche
Klatschliese
Klugscheißer
Laberaffe
Laberarsch
Laberfritze
Laberjahn
Labermichel
Laberliese
Labersack
Labersuse
Labertante
Labertasche
Labertüte
Leviten
Paperfritze
Papperlapapp
Petze
Pischpersuppe
Plapperarsch
Plapperfritze
Plapperhans
Plappermaul
Plappersack
Plappertasche
Plausch
Quakerliese
Quasselfritze
Quasselstrippe
Quatschkopp
Quatschliese
Quatschmaul
Quatschmichel
Quatschtante
Quatschtüte
Salm
Schnadderhexe
Schnaderliese
Schnatterbiene
Schnatterliese
Tratschliese
Tratschweib
Tritschtratsch
Widerparte

sprechen wie wenn man's bezahlt kriegte
böhmisch reden
breit sprechen
wie 'n Buch reden
ins Fettnäppel treten
Hacke rüber, Hacke nüber
sich den Hals wund reden
holprig reden
inwendig reden
jemanden kirre reden
Laberwasser getrunken haben
ein großes Maul haben
einen deutschen Mund haben
sich den Mund fusslig reden
die is nich auf 'n Mund gefallen
pauer nich asu!

Plapperwasser getrunken haben
'ne kurze Predigt und lange Bratwürschte sollte gutt sein
eine Quadratschnauze haben
quatsch nich, Krause!
quatsch keine Opern!
Räuberpistolen erzählen
der red'te a Wort und lebt a Jahr
wer viel red't, der muß viel wissa oder viel liega
nu, das is ja meine Rede
ich sag lieber so gutt wie nischt
red' ock keen Salm
reden wie einem der Schnabel gewachsen is
wer spricht – sät, wer zuhört – erntet
vom Hundertsten ins Tausendste kommen
tummes Zeug zusammenlabern
etwas zwischen Tür und Angel bereden
nischt zu vermelden haben
in a Wind reden
jemanden in der Zerre haben
jemandem was am Zeuge flicken

schlafen

aufbetten
eia machen
heia machen
heiern
koksen
nicken
nickern
ninnei machen
runterstrabeln
tunzen

Aia
Appelkahn
Arche
Bettel
Bettziche
Eia
Falle
Flohkiste
Furzkiste
Furzmolle
Gebette
Geniste
Gepochte
Hauptkissen
Heia
Hunnebettel
Kahn
Kindelbett
Kinderrutsche
Kiste
Klappe

Klappkiste
Koben
Koppziche
Leintuch
Miefmulde
Naast
Nachtkästel
Nachtkittel
Nachttippel
Nest
Nickerle
Ninnei
Nunnei
Oberbette
Pocht
Polsterziche
Poocht
Pottschamber
Punschterrine
Schnarchkapsel
Schnarchkommode
Siele
Tragebettel
Trögel
Tunker
Tunzebettel
Tunzekissel
Tunzel
Werkstatt
Ziche
Zigeunerlager
Zudecke

abtrimo zum Federball!
heut werd' ich nich alt
sich von innen besehen
sich ins Bett hauen
die Kleene is wieder mit Dreck und Speck ins Bette gegangen
's is eim ganzen Durfe nie asu schien wie frieh eim Bette
der Bettzippel winkt

ein Gesetzel schlafen
wie gewiegt schlafen
hamm se dir „gutt Nacht“ gesagt?
mit den Hiehnern ins Bett gehn
Matratzenhorchdienst machen
müde wie ’n Hund sein
sich aufs Ohr haun
Pech am Hintern haben
bis in die Puppen schlafen
raus aus Metz!
raus aus ’m Loch!
wie ’n Ratz schlafen
die kann man im Schlaf raustragen
schlaft ock sisse!

sterben

Grube
hinübergehn
Knochenmann
Leiche (Begräbnis)
Leichenbitter
Leichenschmaus
mausetot
Sensenmann
Sterbs
sterbsen
Truhe
Verwichener
Vetter Hein

der hat vergessen, Atem zu holen
der dermacht's nimmer
der hat eingelegt
für den geb ich nischt mehr
der wird dran glauben müssen
der hat sich sein Grab selbst geschaufelt
der wird wohl müssen ins Gras beißen
der is in die Grube gefahren
der wird's nich mehr lange machen
das war 'ne scheene Leiche
aus dem letzten Loch pfeifen
der hat nich mehr viel auf der Mühle
bei dem wird Petrus ein Auge zudrücken müssen
sich die Radiesel von unten angucken
wer selig will sterben, laß den Hof dem rechten Erben
seit das Sterben aufgekommen is, /
is man seines Lebens nich mehr sicher
auf 'n Sterbs gehn
auf 'm Sterbs liegen
einen still ausläuten
umsonst is der Tod, und auch der kost't das Leben
für 'n Tod gibt's keine Medizin, /
und wennste die ganze Apotheke frißt
auf 'n Tod passen
der is zu Tode gestorben
beim Totengräber blüht's Geschäft
er hat sein Werkzeug an 'n Nagel gehängt
der wird nich wieder

Trost spenden

begutschen
behaatschen
behaatscheln

bekitschen
bekitscheln

das is kein Beinbruch
bis ock stille!
nur nich brumma, wird schon kumma
es wird schon wieder gehn, es is ja auch gegangen, /
wie's gar nich mehr gehn wollte
is ock gutt (guttl)
is ja schon guttel
heile, heile Segen
du wirscht dir keine Heirat verschlagen
was nich is, kann noch wer'n
nich verzagen, solange noch Kließla eim Toppe sein
man wird dir nich gleich den Kopp abreißen
viel is ja nich, aber der Mensch freut sich
wie wärsch, wenn's noch schlimmer wär
es wird schon wieder weer'n / mit der Mutter Beern, /
mit der Mutter Knurrn / is auch gewurr'n
besser a wing als gar nischt

Überraschung/Erstaunen

ach, Agathe, der Gashahn troppt!
ach, Agathe, die Puppe kotzt!
mich laust der Affe
du ahnst es nich, Klothilde!
au backe!
da staunste Bauklötzel
du bist mir so Eene/Eener!
dastehn wie die Gans, wenn's donnert
Gottl, ach Gottl nee!
du bist wohl gar!
mein lieber Herr Gesangverein!
du grüne Neune!
da krieg ich ja die Gusche nich zu
da lachen ja die Hühner
da wird ja der Hund in der Pfanne varrickt
jedit nee!
jeggersch nee!
jekkusch nee!
jemersch nee!
Jesis nee!
Jessas maron!
Jessus nee!
Kinderleute!
mein lieber Krokoschinski!
mein lieber Freund und Kupferstecher!
latschkefisch!
nu da, nu da!
Prost Mahlzeit!
ach, du Schande!
Scheibe bei Glatz!
das is wie 'n Schlag ins kalte Wasser
nu sett amol an!
is nich möglich
ma mecht sprecha: 's is nich meglich
mir bleibt die Spucke weg
da fehl'n mir noch drei Mark zum Taler
haste Töne!
du kriegst die Tür nich zu
da hört sich doch vunds alles auf
na weeste!

Unwahrscheinlichkeiten

das hat's ja seit Adam und Eva nich mehr gegeben
ich lach mer 'n Ast und setz mich drauf
nu brat mer einer 'nen Storch, die Beine recht knusprig
Denken is Glückssache
denkste, Puppe!
klassischer Fall von Denkste!
geh mer ock los!
wer's glaubt, wird selig, /
wer's nich glaubt, kommt auch in 'n Himmel
nu mach's halblang!
nu machs's hallwege!
daß ich nich lache!
da lachen ja die Hühner
das kann nich an dem sein
da wird ja der Hund in der Pfanne varrickt
is nich möglich!
Pustekuchen!
ma mecht sprecha: 's wer nich meglich
da fehln mir noch drei Mark zum Taler
da hört sich doch vunds alles auf

verrückt sein

behämmert
beschettert
betatscht
betischt
dilittiti
konfuse
kopftälsch
littiti
meschugge
meschucke
mischugge
plemplem
rumdäsig
rumdösig
überkandidelt
vadräht
varrickt

du hast se wohl nich alle
wer die Arbeit kennt und nach ihr rennt /
und sich nich drückt, der is verrückt
den Arsch offen haben
dich hamm se wohl mit der Badewanne ausgeschütt'
eine teige Birne haben
du hast se wohl nich alle auf 'm Christbaum
schnell ab in die Einbaumstraße!
bei dem hat's eingeregnet
einen Fimmel haben
einen Forz gefrühstückt haben
einen Forz im Koppe haben
einen Forz mit Krücken haben
von allen guten Geistern verlassen sein
du bist wohl zu heiß gebadet wor'n
dich hamm se wohl mit 'm Klammersäckel gepudert
du bist reif für die Klapsmühle
Flausen (Flusen) im Koppe haben
Grütze im Koppe haben
Raupen im Koppe haben
du hast wohl ein Radel zu viel im Koppe
du bist wohl um a Kopp gekomm'
einen zu viel auf der Latte haben
vom Leiermann überfahren worden sein
reif für Leubus!
bei dem is oben eingebrochen worden
nich recht im Oberstübchen sein
einen kleinen Mann im Ohr haben
einen Pieps haben
einen Rappel haben

bei dem rappelt's
du bist ja mit der Ritsche betitscht
schief gewickelt sein
mit der Sense rasiert worden sein
nich alle Tippel im Schrank haben
zähl mal deine Tippel!
nich recht bei Troste sein
verdreht wie'n Kälberstrick
verrückt und drei macht neune

verschwinde!

ab trimo!
mach dich ock dünne!
tu dich federn!
ich geb dir Fersengeld
mach dich ock fort!
hab nich so 'n Gemähre
du kannst mir gestohlen bleiben
ich zieh dir die Hammelbeine lang
hau ab durch die Mitte!
hau ab und lern Konditer!
hau ab und lern Musikker!
da hat der Zimmermann das Loch gelassen
mach ocke!
mach ock los!
mach dich auf die Socken
mach die Tür von draußen zu!
mach dich nich madig!
mähr dich aus!
motsch nich so rum!
raus aus 'm Loch!
raus aus Metz!
geh mir aus 'm Wege, sonst mach ich Plimpelwurscht aus dir!
Scheiß auf dein Gemähre!
hau ab oder ich jag dich, daß de die Schuhe verlierst!
verdufte!
verdünnisier dich!
verschwinde wie die Wurscht im Spinde!
verzepp dich!
verzieh dich!
verzwiebel dich!
verzwirn dich!
zieh Leine!

Sprichwörter und Lebensweisheiten

Eener alleene
is nich scheene,
aber Eener und Eene
und dann alleene,
das is scheene

erst die Arbeit, dann's Vergnügen

Arbeit hat 'ne bittre Wurzel, aber süße Früchte

Arbeit macht das Leben süß, Faulheit stärkt die Glieder

wer die Arbeit kennt
und nach ihr rennt
und sich nich drückt,
der is verrückt

wer sich ärgert, wird früh groo
und hat zeitlebens nischt davoo

Assa und Trinka hält Leib und Seele zusamm'

ein paar Troppen Augenwasser heilen mehr als tausend Worte

a bissel was möcht schon sein

mir is 'n Bissen runtergefallen, wer hat mir's nich vergönnt?

bitten und geben is zu viel

geht nich, da borg ich mir eins

Guschla, willste Branntwein saufa,
Fißla, mußte barbsig laufa

Brinkel machn Brot

nur nich brumma, wird schon kumma

Butter und Quark,
das macht stark,
Quark alleene
macht miede Beene

ich mach mer 'n Dreck alleene

alles hat a Ende, nur die Wurscht hat zwee

wer nischt erheirat' und nischt ererbt,
der bleibt a armes Luder, bis er sterbt

wenn man 'n Esel nennt, kommt er schon gerennt

vor dem Essen hängt man 's Maul,
und nach 'm Essen is man faul

gehe nich zu deinem Ferscht,
wenn de nich gerufen werscht

's is bloßig meine Frau ertrunken, sagte der Bauer,
ich dachts scho, 's wär a Kälbla ei a Teich gefalln

viel is ja nich, aber der Mensch freut sich

Geduld, Vernunft und Zeit
kann auch die schwersten Sachen,
die oft kaum möglich sind,
doch endlich möglich machen

besser schlecht gefahrn wie gutt gelaufn

die Geschmäcker sind verschieden – und so gehn sie alle weg

gestern noch gesund und munter, und heute schmeckt 's schon wieder

am glücklichsten sein die,
die entweder alles oder gar nischt wissen (haben)

gratis, frei und franko

lieber gutt gelebt und dafür länger

allzu gutt is liederlich

Guttschmecke bringt Bettelsäcke

viele Hände – ein geschwindes Ende

jedes Häusel hat sein Kreuzel

keine Henne schirrt umsonste

wer die Tochter heiraten will, muß der Mutter Pappe ums Maul schmiern

's muß was sein, was 'n Himmel hält,
sonst wär' er längst eingefalln

Holzauge, sei wachsam

vor der Huxt und nach der Huxt, das sein zwei verschiedne Zeiten

keene Huxt wird verbracht,
wo keene andre wird erdacht

laß der keen Kaffee nich zugießn, sonst kriegste 'ne beese Schwiegermutter

a jeder kehr vor seiner Tür,
da find't a Dreck genug dafür

wenn man einem Mädel übern Kehrricht läuft, wird ihm der Schatz untreu

nich verzagen, solange noch Kließla eim Toppe sein

mich krimmert die Nase – ich wer' noch in 'n Dreck fallen (Kuchen essen)

mich krimmert's linke Auge – ich wer' noch was gerne sehn

mich krimmert's rechte Auge – ich wer' noch was Schlechtes sehn

mich krimmert der linke Handteller – ich wer' noch Geld kriegen mich krimmert der rechte Handteller – ich wer' noch Geld ausgeben

daß ich nich lache!

über nischt und wieder nischt lachen

wer lange ißt, lebt lange

man wird alt wie 'n Haus
und lernt nich aus,
man wird alt wie 'ne Kuh
und lernt immer noch was dazu

Spaß muß sein bei der Leich, sonst geht keiner mitte

wen die Liebe treibt, dem is kein Weg zu weit

die Liebe und der Suff,
die reiben den Menschen uff,
die Liebe alleene
bringt den Menschen uff die Beene

Mädel, die de pfeifen, und Hühner die de krähn,
sollt man allen beiden den Kopp umdrehn

Messer, Gabel, Scher' und Licht
sind für kleine Kinder nicht

solange die Mundart lebt, lebt Schlesien

wer Myrte baut, wird keine Braut

von nischt kommt nischt

Prost, Gesundheit, dankeschön – ich mach mer 'n Dreck alleene

eßt ock Quark, der kiehlt – ich eß Putter, und wenn ich verbrenne

strenge Rechnung erhält gutte Freundschaft

du hast wohl zu Hause Säcke vor 'n Türn

wer Salz verschütt', muß heut noch flennen

Schläs'sch is Trumpf!

mich rückt der Schlucken – wer denkt an mich?

wohl dem, dem's schmeckt, und er hat was

wer gutt schmert, der gutt fährt

der Schnuppen, der Rooch und die Liebe, die lassen sich nich verbergen

seit das Sterben aufgekommen is, is man seines Lebens nich mehr sicher

wenn die Stiefel knarrn, sind se nich bezahlt

es is so stille – ein Engele fliegt durch die Stube

in Stroppen wird die Erdachse geschmiert

Suppe macht Wampla, Wampla macht Ansehen, Ansehen bringt Kredit

suste nischt ock heem!

willste wissen, was a Taler wert is – borg der een

kleine Tippel in 'n großen,
daß se sich nich stoßen

nischt is umsonst, selbst der Tod kost' das Leben

für'n Tod gibt's keine Medizin, und wennste die ganze Apotheke frißt

tumm kannste sein, aber Rat mußte dir wissen

Tummheit und Stolz
wachsen uff eenem Holz

allzu sisse Tunke wird merschtens sauer

nischt ferr ungutt!

laß die nich unterputtern!

zu viel und zu wing
is immer a Ding

ein Vielfraß wird nich geborn, sondern erzogn

wer viel Wasser trinkt, kriegt Läuse in 'n Bauch

laß dich nich mit Weibern ein,
da plumpste in die Tinte rein!

die Welt, die wär 'ne Perle,
hätt 's nich asu viel schlechte Kerle

wer nich will, der hatt schon

der Windmüller sagt: 's kommt rum

besser a wing als gar nischt

wenn das Wörtel „wenn" nich wär,
wär so mancher schon ein Millionär

wer zinnt vor der Schüssel,
dem schadet's im Rüssel

Bauern- und Wetterregeln, Spottverse

Bernickel, Bernickel,
stoß dich mit 'm Bettzippel!

blüht die Eiche vor der Esche,
gibt's 'ne große Wäsche,
blüht die Esche vor der Eiche,
gibt's 'ne große Bleiche

eß auf, daß schön Wetter wird!

wie der Freitag sich neigt,
so der Sonntag sich zeigt

kräht der Gockel auf 'm Mist,
ändert sich's Wetter oder 's bleibt, wie's ist

heile, heile, weggeblasen!

Huxtregen bringt Segen

wer sich Karfreitag die Nägel kürzt, lebt zehn Jahre länger

Laber nich die Hedel an,
die hat a rotes Röckel an

wenn's auch Lichtmeß stürmt und schneit,
is der Frühling nimmer weit,
is es aber klar und hell,
kommt der Lenz wohl nich so schnell

wenn's viele Mäuse gibt, komm' arme Zeiten

wenn die Mücken abends schwärmen,
tu dich nich ums Wetter härmen

Obernigk liegt zwischen Sorge und Kummernigk,
wer sich da will ernähren,
der muß suchen Pilz und Beeren,
und wer diese nich kann finden,
der muß Besen binden

auf der alten Oderbrücke sitzt die Mutter Pietschen,
und wenn se nischt zu essen kriegt, da fängt se an zu quietschen

Pasters Kinder und Lehrers Vieh
geraten selten oder nie

der Bauer pflügt umsonst die Erde,
spricht der Herr nich „werde!“

Peter, Purzel
bricht dem Korn die Wurzel

in Pöpelwitz,
da hat's geblitzt,
da hamm se sich ein Haus gebaut
aus Leberwurscht und Sauerkraut.
Da is es wieder eingekracht,
da hamm se sich halbtot gelacht

tut ein gutt Stück Putter rein,
wird das Kind zufrieden sein

Rotkopp, die Ecke brennt,
die Feuerwehr kommt angerennt

Schäflein zur Rechten,
gibt's was durchzufechten,
Schäflein zur Linken,
wird Freude dir winken

schischau schäm dich,
alle Leute sehn dich!

Schornsteinfeger Littabär,
schieb die Kugel hin und her,
schieb se nich zu weit,
kriegst a altes Weib

die erste Schwalbe macht noch keinen Sommer

wenn die Schwalben niedrig fliegen,
wer'n wer bale Regen kriegen

wo man singt, da laß dich ruhig nieder,
böse Menschen spielen Grammophon

meine Alte, die hat Skonnerle geruppt,
da sein se nackig in der Stube rumgehuppt

hier haste 'nen Taler,
geh auf 'n Markt,
kauf der'ne Kuh,
'n Kälbchen dazu –
kille, kille, wenzchen

typische Bekräftigungen

da wer'n Se's aber sehn
wenn ich *dann* dort bin

das *aller*erste
das einzig*ste*
gutte Butter
a Haus, a sehr schönes Haus
das kannste haben, *kannste*
der Muttel *ihre* Bluse
hat er gesagt, *sagt er*
dem Vatel *sein* Schakettel
ich *tu* essen
wenn Se *und Se* würden
was die alte Müllerin *is, die* . . .

das is äbenste so
mein lieber Scholli
siehste

das *konträre* Gegenteil
die *andere* Alternative
abgemacht, *Seefe*
der is *zu Tode* gestorben

doppelte Verneinungen

gib *kei* Geld *nich* aus
keiner weiß *nich* was
daß sich *keiner nich* von der Stelle rührt
ich geh *nie nich* abends weg
es war *niemand nich* da
du bist zu *nischt nich* nutze
nischt Genaues weiß man *nich*
der hat noch *nie nischt* gehabt

typische Vorsilben

dader	=	da: daderfür
der	=	er: derzählen
druff	=	darauf: druffzahlen
ei	=	ein: eiwecken
nüber	=	hinüber: nübergehen
nuff	=	hinauf: nuffsteigen
num	=	herum: numlaufen
rüber	=	herüber: rüberkommen
va	=	ver: varrickt
zer	=	ver: zerschnicken

Dank

Viele Freunde, Bekannte, auch Unbekannte, haben mich immer wieder auf schlesische Redewendungen hingewiesen.

Allen sei von Herzen dafür gedankt.

Besondere Anerkennung gebührt meinem „Hauptversorger“

Günter Krause, Bad Soden-Salmünster,
und Ursel Angstenberger, Hengersberg,
Ilse Hamann, Düsseldorf,
Hanna Kadelbach, Dortmund,
Liselotte Klose, Garmisch-Partenkirchen
Ursel König, Zeitz.

Außerdem habe ich aus Büchern von Landsleuten Nutzen gezogen, vor allem aus

Luzia Günther, „Erlauschtes aus der heimatlichen Mundart“ (gesammelt von Pfarrer Richard Mager aus Groß-Strenz, Kr. Wohlau), Selbstverlag L. Günther, 40233 Düsseldorf, Lindenstraße 182,
Alfons Hayduck, „Das Handbuch des schlesischen Humors“ (Verlag Graefe und Unzer),
Hajo Knebel, „Typisch schlesisch“ (Verlag Weidlich).

Mein Dank gilt ebenfalls Herrn Ingwert Paulsen von der Husum Druck- und Verlagsgesellschaft für sein Engagement bei der Herausgabe dieses Bändchens.

Barbara Suchner

Regionalia im HUSUM TASCHEN BUCH

Anekdoten aus Baden-Württemberg · aus Bayern · aus Berlin · aus Brandenburg · aus Hamburg · aus Hessen · aus Mecklenburg-Vorpommern · aus Niedersachsen · aus Ostpreußen · aus Pommern · aus Sachsen · aus Schlesien · aus Schleswig-Holstein 1 · aus Schleswig-Holstein 2 · aus Thüringen · aus Westfalen · vom Militär – **Entdecken und erleben (Reiseführer)**: Mecklenburg-Vorpommerns Kunst · Niedersachsens Kunst · Niedersachsens Literatur · Ostpreußens Literatur · Schleswig-Holsteins Geschichte · Schleswig-Holsteins Kunst · Schleswig-Holsteins Literatur – **Im Gedicht**: Berlin · Schleswig-Holstein – Schlesische **Kinderreime** – **Kinder- und Jugendspiele** aus Schleswig-Holstein 1 · aus Schleswig-Holstein 2 · aus Schleswig-Holstein 3 · aus Westfalen – **Kindheitserinnerungen** aus Berlin · aus Hamburg · aus Köln · vom Niederrhein · aus Oberschlesien · aus Ostpreußen · aus Pommern · aus Sachsen · aus Schlesien · aus Schleswig-Holstein · aus Westfalen – **Komponisten** aus Schleswig-Holstein – **Krippengeschichten** aus Deutschland – **Legenden** der kanadischen Indianer – **Lügengeschichten** aus Schleswig-Holstein – **Märchen** aus Baden-Württemberg · aus Mecklenburg · aus Niedersachsen · aus Schleswig-Holstein · aus Westfalen – **Redensarten** aus Hessen – **Aus dem Sagenschatz** der Brandenburger und Schlesier · der Franken · der Hessen · der Niedersachsen und Westfalen · der Ostpreußen und Pommern · der Sachsen · der Schleswig-Holsteiner und Mecklenburger · der Schwaben · der Thüringer – **Volkssagen** aus Niedersachsen – **Sagen** aus Baden-Württemberg · aus Franken · aus Hamburg · aus Mecklenburg · aus Schlesien · aus Schleswig-Holstein · aus Südtirol · aus Westfalen – **Schulerinnerungen** aus Franken · aus Hamburg · aus Mecklenburg · aus Niedersachsen · aus Ostpreußen · aus Schleswig-Holstein – **Schwänke** aus Bayern · aus Franken · aus Niedersachsen · aus Schwaben · aus Schleswig-Holstein – **Sprichwörter** aus Hessen · **Sprichwörter und Redensarten** aus Mecklenburg · aus Schleswig-Holstein – **Plattdeutsche Sprichwörter** aus Niedersachsen – **Weihnachtsgeschichten** aus Baden · aus Bayern · aus Berlin · aus Brandenburg · aus Bremen · aus Franken · aus Hamburg · aus Hessen · aus Köln · aus Mecklenburg · aus München · vom Niederrhein · aus Niedersachsen · aus Oberschlesien · aus Ostpreußen · aus Pommern · aus dem Rheinland und der Pfalz · aus Sachsen · aus Schlesien · aus Schleswig-Holstein 1 · aus Schleswig-Holstein 2 · aus Schwaben · aus dem Sudetenland · aus Thüringen · aus Westfalen · aus Württemberg – **Weihnachtsmärchen und Weihnachtssagen** aus Schleswig-Holstein – **Witze** aus Hamburg · aus Mecklenburg · aus Ostpreußen · aus Pommern · aus Sachsen · aus Schleswig-Holstein

HUSUM

HUSUM DRUCK- UND VERLAGSGESELLSCHAFT
Postfach 1480 · D-25804 Husum